会问才会学习：
引导学生提问的实训策略

Q-Tasks: How to Empower Students to
Ask Questions and Care about the Answers

[加] 卡洛·凯什兰 (Carol Koechlin)，[加]桑迪·兹万(Sandi Zwaan) / 著
戴华鹏　王婷婷　王唯真 / 译

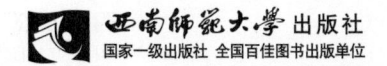

西南师范大学 出版社
国家一级出版社　全国百佳图书出版单位

图书在版编目（CIP）数据

会问才会学习：引导学生提问的实训策略 / （加）卡洛·凯什兰（Carol Koechlin），（加）桑迪·兹万（Sandi Zwaan）著；戴华鹏　王婷婷　王唯真译. -- 重庆：西南师范大学出版社，2017.4

（名师工程. 新教育力译丛）

ISBN 978-7-5621-8694-6

Ⅰ. ①会… Ⅱ. ①卡… ②桑… ③戴… Ⅲ. ①课堂教学－教学研究 Ⅳ. ① G424.21

中国版本图书馆 CIP 数据核字 (2017) 第 077017 号

Original title: Q-Tasks: How to Empower Students to Ask Questions and Care about the Answers

Written by Carol Koechlin and Sandi Zwaan

Copyright © 2014 by Pembroke Publishers

All rights reserved.

The simplified Chinese translation rights arranged through Rightol Media

（本书中文简体版权经由锐拓传媒取得 Email:copyright@rightol.com）

会问才会学习：
引导学生提问的实训策略

著　　者	[加]卡洛·凯什兰（Carol Koechlin），[加]桑迪·兹万（Sandi Zwaan）
译　　者	戴华鹏　王婷婷　王唯真
责任编辑	杨光明
封面设计	师鸿设计
排　　版	重庆大雅数码印刷有限公司·王　兴
出版发行	西南师范大学出版社　　地址：重庆市北碚区天生路 1 号
	邮编：400715　　市场营销部电话：023-68868624
经　　销	新华书店
印　　刷	重庆升光电力印务有限公司
开　　本	720mm×1030mm　1/16　　印　张：11.75　　字　数：213 千字
版　　次	2017 年 9 月第 1 版　　　　　　印　次：2020 年 5 月第 2 次印刷
著作权合同登记号	版贸核渝字（2017）第 077 号
书　　号	ISBN 978-7-5621-8694-6
定　　价	35.00 元

目 录

引言   1

1. 激发好奇   13
    好奇心有何益处？   15
    好奇心如何使学生成为提问者？   17
    我们怎样利用"20个问题"？   21
    Q任务小活动："20个问题"的变形   23
    如何用谜题吸引被动的读者？   24
    怎样帮助学生编写谜题？   25
    Q任务小活动：更多的谜题   27
    Q任务小活动：问题折纸   28
    如何激发学生对于一门新课程的兴趣？   31
    Q任务小活动：培养求知欲   32

2. 理解问题   37
    怎样运用问题搜寻？   39
    怎样帮助学生分辨不同的问题类型？   41
    怎样教给学生开放式和封闭式问题？   43
    怎样帮助学生理解问题具备不同的功能？   45
    怎样帮助学生提出具有特定目的的问题？   46
    对问题进行编码如何促进学生寻找答案？   48
    Q任务小活动：德·博诺的六项思考帽   50
    我们能从关于问题的名言中学到什么？   52

3. 学会提问　　　　　　　　　　　　　　55

　　"5Ws"和"How"如何帮助学生进行问题探索？　　58
　　怎样帮助学生组织数据？　　60
　　提问如何帮助学生探索主题？　　62
　　Q任务小活动：KWL小活动　　64
　　怎样利用"问题网图"帮助学生找到焦点问题？　　68
　　怎样向学生介绍"问题生成表"？　　71
　　"问题生成表"如何用于帮助引导研究？　　74
　　Q任务小活动：运用"问题生成表"　　76
　　评价量规如何帮助学生提出更好的研究问题？　　79
　　学生怎样缩小范围、聚焦问题？　　82
　　Q任务小活动：强化Q卡片　　84
　　怎样帮助学生形成目的性陈述？　　85
　　Q任务小活动：布鲁姆式问题　　88
　　学生怎样获得正确的问题？　　89
　　怎样帮助学生从问题过渡到论点陈述？　　96

4. 问以治学　　　　　　　　　　　　　　99

　　教师的问题引导如何能提高艺术课的实验性？　　101
　　提问如何帮助学生理解视觉图像？　　102
　　如何利用提问对视觉文本进行批判性分析？　　104
　　如何帮助学生分清不同视角和理解不同观点？　　105
　　提问如何帮助学生形成个人观点？　　107
　　如何运用提问来解读网络信息？（针对低年级学生）　　109
　　如何运用提问来解读网络信息？（针对高年级学生）　　113
　　Q任务小活动：在网络上提问　　116
　　提问如何帮助学生正确看待霸凌行为？　　117

提问如何帮助学生成为好网民？　　　　　　118
　　提问对理解有何作用？　　　　　　　　　　121
　　提问在验证想法和理论时有何作用？　　　　123
　　记者如何提出采访问题？　　　　　　　　　126
　　学生如何设计有效的采访问题？　　　　　　128
　　学生如何准备向专家提问？　　　　　　　　130
　　小学生如何设置调查问题？　　　　　　　　132
　　如何运用提问进行比较？　　　　　　　　　133
　　学生如何确立比较的标准？　　　　　　　　136
　　提问在理解方面扮演着怎样的角色？　　　　139
　　学生如何利用FAQAs方法展示或分享知识？　141
　　同学互相提问如何提高写作的创作力？　　　142
　　如何运用朗读策略？　　　　　　　　　　　143

5. 问以进取　　　　　　　　　　　　　　　145
　　自我提问如何帮助学生管理时间和资源？　　146
　　Q任务小活动：培养成长的心态　　　　　　150
　　学生如何为考试评价设计测验？　　　　　　152
　　我如何教授SQ4R学习策略？　　　　　　　154
　　学生如何知道哪种资源最适合他们的需要？　156
　　Q任务小活动：提问使我们进步　　　　　　159
　　Q任务小活动：深度思考　　　　　　　　　163

6. 继续前行　　　　　　　　　　　　　　　167

参考文献　　　　　　　　　　　　　　　　172

前　言(修订版)

我们编著本书的初衷在于帮助教师们提高学生的提问技能。本书中的策略活动均经过精心设计,以帮助对问题类型及提问目的的理解,从而使学生成为具备批判性思维及具有创造力的思考者和提问者,让其学会处理各类信息或观点,最终建立自己的个人见解。

虽然本书第一版所涉及的策略至今仍然具有实用价值,但我们观察到了学生们学习方法的一些转变,这促使我们重新修订了此书。我们希望今天的读者朋友们能够意识到,教育在先进的信息交互技术所带来的这些独有的学习机会中所发生的改变。虽然互联网、社交网络以及各种移动设备的普及为教育者提出了新的挑战,但是对比困难来说,这些新技术为挖掘学习者的潜力带来了更多的积极影响。教育者因为数字教学对学习环境所带来的不良影响和干扰,以及面对全新数字环境所需做出的工作学习调整而争论不休。我们希望教育者能受益于本修订版中针对几乎所有任务给出的建议。希望这些建议在就师生们如何发挥新技术潜力,提升教育教学实践效果,增强提问技能方面,能为其提供一些新的想法。

如今,关于任何主题,学生们周围都有太多的信息可用,我们如何能够帮助他们做出全面的理解?但正如戴维·温伯格(David Weinberger)在他的《大到不知道》(*Too Big to Know*)一书中指出的那样,主要挑战并非在于过大的信息量。如今网络信息的深度、广度以及跨国流动使我们根本无法去处理完与某个话题相关的全部信息。这改变了我们关于知识的传统概念。但这些网络化的环境亦为参与式学习,为知识构建与创新提供了发挥潜能的机会,这在以前是不可能做到的。

> 随着知识变得网络化,教室里最有智慧的不是讲台上的教师,也不是教室里大家的集体智慧。最有智慧的正是教室本身:网络将室内的人和想法以及外界相互连接在一起。
>
> ——温伯格,《大到不知道》

以上观点为学生们开启了一扇新的大门,这不仅能促进其自身学习,也能促使他们在课堂中构建和贡献自己的想法。团队协作是未来学习的理想技能。所有针对21世纪的技能研究都把团队协作放在理想能力清单的首要位置。比如,"21世纪加拿大公民学习与创新"提出的《转变思维》中就列出了未来所期望的理想能力要求,同时还为学习转变提供了加拿大的国情分析。

广大教育工作者们随时都在适时而变地探究着学生的学习体验,包括批判性思维、创造与创新、协作与交流、信息素养、网络行为责任、文化素养、国际公民素养以及促进思维成熟的性格特质等。这些能力对于完善未来的理想技能体系尤为重要,我们同时也呼吁大家继续努力,通过这些做法让学生们参与进来。对于本次再版的《会问才会学习:引导学生提问的实训策略》[①],我们将重点主要放在补充的活动策略上,它不仅有利于帮助学习者们构建自己的技能组合及行为态度,而且能够培养他们与他人协同工作的能力,特别是在数字网络化环境中的这一能力。

当然,本修订版无法涵盖和代表利用技术进行学习的方方面面,但却能为教师们就如何更好地将技术工具与提问法相结合提供参考。它能为教师们在为学生设计学习活动时提供支持,但如果没有技术的帮助,这些活动所带来的潜在益处是根本无法实现的。

> 如今,要专注创新,我们必须将教学与技术结合起来,并将前者作为驱动力。
>
> ——弗兰(Fullan),《大到卓越》(*Great to Excellent*)

[①]为使国内读者更好地理解本书的实质内容,译者将本书名意译为现书名,但正文保留了原版图书主要的体例名称。

在我们与教师和学生的相关工作中,协作学习始终是一个驱动力,所以我们很高兴地为每个"Q任务"都增加了额外的建议,利用最佳的技术手段及协作方式来激发学习潜能。最终结果是,将学习者的提问技能提升到一个全新的高度——让他们坐在驾驭者的位置,踏上自主学习的道路,同时参与协同知识创新并为之贡献出力。

提问技能 ➕ 协作学习 ➕ 最佳技术 ＝ 知识创造与共享

引 言

当你能够将自己所学的知识教授于人,能将其加以运用,能对之进行验证,并读懂字里行间的含义时,才算是真正地理解了。

——威金斯(Wiggins)与麦克泰(McTighe),《理解力培养与课程设计》

> 我们的重要任务是帮助学生度过学习的懵懂阶段,激发学生强烈的探索精神。
> ——阿比洛克(Abilock),《知识探索》(*Knowledge Quest*)

教育工作者的重要职责是激发学生的想象力,我们希望学习者也带着探索精神阅读此书。

教与学,既激动人心又十分复杂。所以,我们试图使之简单化。我们都期望学生能够获得成功。而我们衡量其成功与否的标准是:学生是否显露出"已经领会了、理解了(知识)"这一满意表现。众所周知,人类获得并掌握技能、习得知识和建立想法的思维能力,并非一个简单的过程。幸运的是,专家们所做的大量研究和海量的资源可以帮助我们弄明白,如何能看到、听到及感受到学生真正理解和习得了知识。随着经验的不断积累以及新挑战的不断出现,每个教师将会建立起一套自己的评价体系。

> 我们对大脑了解越透彻,越能设计出适合学生学习的良好教学,某些教学活动和教学策略能更有效地提高学生的理解水平。
> ——沃非(Wolfe),《大脑的重要性》(*Brain Matters*)

所有的专家都有个共识:理解是一个过程,不是结果。牢记这点,教师就明白了理解的关键因素是提问。缺乏探索意识,学生的学习会永远受困于填鸭式的机械记忆模式。这是关于启迪智慧、唤醒神经,同时激励学生处理他们搜集或者接收到的原始数据的问题。要解决此问题,既需要学生的好奇心,也离不开教师的教学意愿。如果学生期望学习,从而最终理解事实或问题的真相,那么,这些问题从何而来则至关重要。

提问是求知的钥匙

我们通常认为提问是每个人与生俱来的能力,正如进食与行走一样。但如果你仔细想想,会发现其实进食与行走都是后天培养而来的技能。那么,提问亦是如此。

尽管我们的幼儿园小朋友们一进学校就会冒出诸如"为什么?"和"怎么来的呢?"之类的问题,但当他们上了中学,就会开始失去这种可爱而可贵的好奇心。他们习惯于回答老师的问题,变得在乎分数,犹如机器一般给出"正确的"或老师期望的答案。在这种情况下怎么能真正学到知识呢!所以,一些学生在中学阶段变得厌学或觉得学校毫无意义便不足为奇了。他们对回答那些为课程内容设计的"假问题"感到厌倦。

并不是说教师不应该设计问题来让学生回答。这些问题对于教会学生如何及何时提问必不可少。我们想说的是,尽量放手,把勺子放在学生手中(让他们自己进食),看看会怎么样。要让学生学会提出真正的问题并不难,这些问题应该是他们为自身解惑而提出的。我们应当为学生创造愉悦的学习环境,肯定并奖励他们提出问题。当学生感到自己成为学习的主人,你会发现热情、努力与高效便会随之而来。

动机是我们教导学生学会提问的缘由之一。我们的目的就是,让提问和学习之间产生化学反应。许多课堂上的研究活动成为无聊的纸板展示或者剽窃来的报告,首要原因就是,他们以为"所有相关信息"都是有用的,误认为收集到事实证据就已经完全足够了。但这种情况也是非常容易改善的。如果你真的希望学生能够从分配的研究项目中获得提高并学有所得,那么他们必须通过良好的探究问题或挑战性问题的视角,来处理收集到的信息数据。

> 问题的提出远比它的解决方案重要，解答也许仅仅只是数学或者实验技能的问题。提出新问题、新的可能性，以及从全新的角度重新认识老问题，离不开有创造性的想象力，正是它们造就了科学的真正进步。
>
> ——阿尔伯特·爱因斯坦（Albert Einstein）

"开始的时候，我在脑子里看到的是故事的一幅幅画面。然后通过向自己提问来创作这个故事。我想你可以把它叫作'如果—然后'写作法。"
——克里斯·万·奥斯伯格（Chris Van Allsburg）

我们无法期望学生能对他人的观点和知识进行批判性和创造性的思考，除非让他们通过一个神奇的化学元素——"提问"，来开启这一过程。提出的问题可以以探究问题或陈述的形式呈现，也可以是面临的挑战、需要解决的问题或者需要做出的决定，但必须要有，否则，提问就成了虚假研究中的无聊作业。我们都知道结果会是怎样——剪切、粘贴、剽窃！

学生身边的信息如此之多，如果没有提问技能，根本不可能学有所得。只有具备良好信息素养的人才能处理和分析当今世界如此巨大的信息量。教育学生成为21世纪的有用人才，要求教育者们必须教会学生如何成为具有批判性思维和创造力的信息使用者。只有学生学会提问，这一切才有可能实现，否则，不管是批判性思维还是创造力，都是无稽之谈。

心中的无声问题

提问在学会学习的过程中也起着非常重要的作用。此处所指的提问，并非像研究问题那样容易下定义。这通常是指那些不会出声的问题，那些在我们从事任务活动的时候，在心中喃喃自语的问题。让学生们意识到这种内在的喃喃自语，将会帮助他们培养元认知的能力。

"只有你询问你自己的问题，才是最要紧的。"
——阿修纳·K.勒圭（Ursula K.LeGuin）

为了培养学习能力，有必要让学生进行提问，这样他们才知道如何更好地与阅读文本互动。正是这些提出的问题让学生们能够在自我与文本之间建立起重要的联系。没有这些头脑中无声的问题，就不会有数据分析和自我见解。我们可以用出声思维的形式，为同学们就如何提问做出示范，向他们展示我们在阅读报纸文章、分析水费公司账单或审视一件艺术作品的时候是如何提问的。

帮助学生们逐渐意识到这些头脑中的无声问题,让他们将这些问题写下来,直到它成为一种自然而然的过程,从而控制探究的质量。

> 如果没有强大的提问技能,你就仅仅只是别人观光车上的一位乘客。你也许可以在高速公路上急速前行,但却永远在别人的引导之下。
> ——麦肯瑞(McKenzie),《学会提问、求知与学习》(Learning to Question to Wonder to Learn)

提问技能同样也能使学生掌握自我分析的方法。正是自我提问让我们能够看到努力的结果,并为进一步提高设置好目标。你需要再次向学生们示范,这是怎么运作的,并给予他们"自己驾车上路"的机会。

我们相信,提问是学有所得的核心所在。每一个学习的小金块都来源于对其仔细的勘察发掘。

- 提问技能的培养提高,应当在各个年龄段和各个学科进行。
- 提问是一项极其重要的基本技能。
- 提问是打开理解之门的钥匙。

何为探究式学习?

> 探究是一个对新奇与疑惑的事物持开放态度,并随之认识与了解世界的动态过程。就其本身而论,它遍及我们生活的方方面面,对知识的创造至关重要。探究的基础在于,认为理解是源于人们在提出和解决问题时,在共同的活动中有所发现并对其进行精细验证时的协同工作与交流过程。
> ——伽利略教育网

探究是一个学习过程

最佳的探究学习活动,是一个能让学习者参与进来并能有所发现的过程,而非某个由老师分配的任务或活动。为支持学校课程,可以前往学校图书馆等地方查阅如下优秀的学习标准、探究过程的模式以及培养"信息素养"的策略建议。

- AASL学习标准及课程大纲
- CLA领先的学习,加拿大学校图书馆学习共享的实践标准
- 发现与引导式探究,安大略省
- 探究要点,英属哥伦比亚省
- 探究过程,魁北克省

在所有模式当中,持续的提问仍然是非常重要的学生学习策略。

探究是一个社交过程

当教师设计的学习活动中含有大量的交流机会时,探究就会发挥出最大的作用。探究学习并非一定要是团队活动,但必须要有交流互动,以获得最好的学习效果。活动过程中各阶段进行的同伴间的讨论是一个不错的方式,有助于增长大家彼此的技能与知识。设计合作学习活动的另一个方式是提供虚拟的(在线)协作学习空间。数字化的学生作业更容易获得教师的及时反馈并取得学习进步。

> 学生(在探究学习中)的角色就像运动员:探究就是一项团队体育运动,当全体运动员都互相帮助、全力发挥时,我们就能一起完成竞赛、实现超越。
> ——威金斯和麦克泰,《理解力培养与课程设计》(Understanding by Design)

在《引导式探究:21世纪的学习》一书中,作者确信地指出,探究式学习需要参与式的体验,必须在学习者群体中才能进行。当所有的学生都知道他们在学习团队中的价值所在时,毫无疑问,他们将会更好地提问。

> **建立学习团队**
> - 示范如何建立个人关系
> - 创造安全的氛围
> - 鼓励学生自由言论
> - 接受各种不同的观点
> - 听取他人的想法
> - 认真考虑学生的观点
>
> ——库尔梭(Kuhlthau),马尼特(Maniotes)和卡斯帕里(Caspari),《引导式探究》(Guided Inquiry)

应该让提问成为学生们在学习团队中进行思考与交流的自然方式。要保证学生能自觉和自发地提问,教师在设计学习活动时,还需要采用一些固有的方式。例如:

- 思考一下你自己的提问技巧
- 示范在出声思维中如何有效地提问
- 展示提得好的问题以及关于提问的名言
- 设计一些能促进批判性及创造性思维,并能激发学生求知欲的活动
- 结合课程内容有针对性地教授提问技巧
- 给学生时间让他们能够轻松随意地问问题
- 设计一些协同创建问题的活动
- 利用最好的技术来协作构建知识
- 通过游戏和戏剧教授如何有策略地提问
- 构建一种用于提问的共同语言
- 先介绍并建立背景知识,再请学生提问
- 设计并分配一些活动,让学生有机会作为有技巧的提问者参与实践
- 培养学会学习的意识习惯
- 表扬那些提得好的问题
- 就提出的问题跟学生进行商议讨论
- 对提问进行肯定和评价

如何评价提问技能

如何设计课堂活动才能实现成功的提问呢？首先为一节课或者一个单元设立一些重点问题，紧扣课程学习大纲，确定你打算采用的提问形式，同时设计好评价方式。然后跟学生们分享这些信息，并跟他们一起共同确立学习目标。将这些目标用箭头指示图的形式画出来，作为对学生的视觉提示，并定期向全班展示以监控进度。

> 重点问题不仅以学生和教师的学习为中心，还为学生今后高水平的独立学习所需的学习和内化的思维模式提供了示范。简而言之，重点问题为学生独立提问提供了示范榜样。
>
> ——威金斯和麦克泰，《理解力培养与课程设计》

哪些才能算是学生有所提高的证明呢？很多学生的成果和表现都可以证明他们取得的进步，比如：本书中构建问题的作业纸、学习记录及日志、卡片、探究学习档案、同伴讨论记录以及小组讨论的视频文件等。你也可以自己开发基于评价标准的学生评价工具：评估准则、检查清单和量表（请见第11页的"提问能力检测表"）。

确保成功提问的最佳的评价形式也许就是每过一段时间就对学生的进步成长进行观察，同时以教师为学生提供的提高策略的及时反馈作为支撑。我们建议跟踪保存如下记录：学生对提问知识的运用，对提问表现出积极态度的行为，以及提问成为学生学会学习的自然属性的表现。

提问能力检测表

知识	行为表现	转化提升
●学生能清晰准确地使用提问与探究用语 ●学生达到需要提问的作业及成绩表现的要求 ●学生设计出优秀的探究问题 ●学生能就其探究的问题进行解释及辩护 ●学生能针对不同情况,有的放矢地提出不同的问题	●学生自愿为全班及小组讨论贡献问题 ●学生对提问充满自信 ●学生参与协作提问活动 ●学生运用提问技能协助他人 ●学生尊重他人提出的问题	●学生将提问技能知识运用于课程任务和解决问题的活动中 ●学生将提问技能知识运用于个体任务及解决问题的活动中 ●学生在学习记录及日志中对问题进行自我反思 ●学生能提出在文献及探究领域内有一定思想深度的问题 ●学生能设计出问题对习题与测验进行评价

协作技术

我们在本修订版中增加了"Q+建议"部分,通过运用协作技术法或协作技术手段来扩展或强化提问任务活动。加上"+"意味着增量提高。此概念曾被迪士尼公司(Disney)及皮克斯公司(Pixar)成功运用于鼓励员工在好点子的基础上进一步提高的策略,但受益的绝非仅限于设计团队。我们认为,跟大多数技能和学习法一样,如果给予学生机会,即在他人的点子上继续创新,学生的提问水平将大获提升。

各个学校及学区可用的技术手段可能有所差异。但具体使用何种方式并不那么重要。真正重要的是什么呢?

- 特意选择此种技术的目的是为了达成学习目标。
- 充分利用该技术以创造独一无二的学习体验。
- 该技术易得易用,而且必须绝对可靠。

如你在寻找所需技术工具时遇到困难,请寻求帮助。在你的专业学习网络上发出信息告知大家。学校里受过图书馆技术培训的老师或者技术专家定会有办法解决问题。邀请同学们分享他们发现的成功做法。

要敢于实践,别害怕尝试,分享成功的经验。

> 本书建议的这些协作工具目前对教育者们基本都是免费的。最佳免费技术资源之一就是理查德·拜恩(Richard Byrne)的博客"针对教师的免费技术"。

如何培养探究过程?

通过提高调查提问水平,促进学习并提升成绩。

课程重心——教师需明确教学目标和学生的实际水平,掌控学生理解知识的过程。

丰富的资源——教师精心挑选最合适的教学资料,需考虑到体裁的多样性、内容的趣味性、语言的难易程度、视角的全面客观及获取是否方便等。

积极思考——利用丰富的资源设计课堂活动,让学生能探讨此话题并建立联系。这些活动需能激发学生的好奇心与求知欲,同时建构起背景知识。

提出问题——确保学生自己提出问题。为学生创造机会,并以适当的方式提供帮助,让他们自己设计出大量的问题,最终确定最适合他们需要的"最佳"问题。

深入思考——学生处理信息时,有导引问题就不会偏题,有助于他们进行批判性的分析与思考。这种分析过程提升了他们的思维水平,使其超越了仅仅收集记录信息和剪切粘贴的低层次。

更深入的理解——寻找问题的答案有助于学生提高综合分析的能力。在提问的指引驱动下,他们将得出结论、解决问题、做出决定、创造出新的理解。有效的提问将触发更深层次的思考,同时减少了剽窃的发生。

然后呢——学生必须有机会与他人真正地分享彼此的学习心得体会,从而进一步评价与理解他们的新发现。学生还应当有机会将其所学的知识加以转化与运用,最终形成元认知。

当学生想到新的问题或将采取行动时,可按照此流程从头开始。

如何使用本书

我们希望本书提出的想法在教师中抛砖引玉，成为一个起点。

本书的原题目《Q任务：如何帮助学生提问并回答》(简称《Q任务》)表明此书并非是以教师为主导的课堂提问，而是真正放权给学生，让他们自主提出问题。给出好问题的示范是学习过程的重要组成部分，我们已经将这一重要步骤编入了新开发的"Q任务"中。教师作为提问者，已经有大量的专业书籍予以讨论；现在我们需要提出的是让学生成为提问者的必要性。

我们的目标是帮助学生建立一套有效的策略，让他们学会在各种情况下如何提问。

- 理解文学与艺术的内在联系
- 探讨科学和数理化的概念
- 对于世界性问题有更深刻的理解
- 自我分析能力和设定目标的能力
- 解决自己现实生活中的难题
- 引导研究方向
- 评估信息的可靠性
- 检验新想法
- 发明创造
- 其他方面

提问技能不像课程中的其他技能那样只要设定好规则，然后就可以按部就班地加以运用。有效的提问由发问者根据具体需求，听从自己的思想与情感，凭借经验而问。提问既是精心设置、合情合理的计划安排，也时常出人意料、不可捉摸，兼具自发性。提问的上述特征使此书的编写过程分外艰难，但我们坚信，提问技巧是可以在理论学习后通过实践练习来加以提高的。要让我们的学生在21世纪的学习、工作及竞争中大展拳脚，就必须让他们掌握如何提问的诀窍。

在编写此书时，我们试图分析提问的笼统结构。我们把所有的提问策略整合为一体，这样学生就可以利用这个提问结构体系，在课堂上、图书馆内、学校和学习团队中，适时地得体发问，建立起探究的良好文化氛围。

《Q任务》共分为六个部分：

1. 激发好奇

本部分提出教育应当顺应学生的天性，有技巧地激发培养学生的好奇心、求知欲和想象力。

2. 理解问题

提问要着眼于细节，仔细分析思考其结构和提问的目的。

3. 学习提问

本部分列出了大量的实例，教你如何提出好问题。

4. 问以治学

详细介绍了如何按照不同学科、目标群体的年龄大小和能力水平进行提问。

5. 问以进取

通过一系列任务活动，把自主权归还给学生，让他们学会质问反省，运用提问技能，获得持续的成长进步。

6. 继续前行

本部分重新回到本书的引言部分，回顾提问在理解过程中起到的重要作用。对教师们来说，本章不是完结，而是探索之旅的起点。

每一部分里面，均有我们设计的"Q任务"，以教授具体的提问技巧和优秀提问者所应具备的素养。本书中的"Q任务"仅是建立与提高提问技能的参考方案，老师们不要按图索骥完全照搬，须根据本班学生的实际情况灵活开展。

每个需教师指导的提问任务都是以提问的形式呈现。在正文左侧边框内的"Q任务"描述，以学生学习目标的形式进行表述。"任务说明"部分阐述了课程任务的内容。"建立理解"部分对课程教学步骤和学习策略进行了详细说明。"实践练习"部分是学生需运用提问技巧和提问诀窍完成具体任务。"Q+"附加任务则列出了拓展活动的技术性支持。在左侧边框内还有"Q提示"，列出了可供参考的资源或拓展任务。

每部分还有"Q任务小活动"，通常是对已介绍过的技能加以拓展深化。

笔者水平有限，希望已说清自己所学所想，尽力把前人智慧的结晶呈现给大家。

1. 激发好奇

如何使好奇心成为学习的催化剂？

好奇心和质疑在高水平思维能力发展和理解教学中是并行的。好奇心能够激发想象力和求知欲，因而成为有效质疑的先决条件。好奇心引发思考，质疑引导深入思考。因此，好奇心是学习过程中的一个重要因素，同时也是学习动机的源泉和促进者。

想要利用好好奇心这一天然动力源，我们就必须让学生置身于良好的学习环境中——校园图书馆是资源保存充分、隐形课程充足的地方。从校园图书馆借阅大量书籍来填满你的图书室，确保图书室里的藏书是与时俱进的。将这些优质的资源作为想象和探索其他人物、地点、事件、时间和情感的跳板。让学生通过精选的网站、优质的教育视频、虚拟的博物馆、档案馆等渠道接触到更多的间接经验。在当今的信息时代，保证学生获得最佳的信息资源至关重要。借助校园图书馆网页的方式为学生提供资源丰富的可全天候使用的虚拟窗口；通过特邀发言人、表演、实地考察和交互式视频会议等渠道，为学生提供与信息专家实时交流的机会。

为激发学生的好奇心，我们需要为他们提供大量的覆盖各学科领域并适用于各年龄阶段的《动手和动脑》（威金斯和麦克泰，1998）的学习经历。质疑在大多数精心设计的学习过程中都是极具价值的组成部分，然而学生常常不能自主地运用质疑来引导这一学习过程。

小孩子对于周遭的环境似乎总有问不完的问题，但长大一些后，这种先天的质疑能力逐渐减弱。如果我们能重新激发这种天生的兴趣和求知欲，学生就更容易在学习过程中变得主动，并建立起更有意义的知识联系。我们需要怎样做呢？

首先，我们需要了解学生的好奇商数以及它在有效学习中的作用；其次，我们必须鼓舞他们对于质疑的热情。我们需要创造一种环境，在这个环境中，提问被视为学习过程的一部分，它是自发的、受到推崇和鼓励的。

为此，我们已经重新研究过几十年来孩子们热衷的一些游戏，我们也会利用一些好的图书作为培养学生好奇心和求知欲的催化剂。

我们设计了以下任务，来帮助鼓舞和培养出更多的具有好奇心的学生。

- 好奇心有何益处？
- 好奇心如何使学生成为提问者？
- 我们怎样利用"20个问题"？
- Q任务小活动："20个问题"的变形
- 如何用谜题吸引被动的读者？
- 怎样帮助学生编写谜题？
- Q任务小活动：更多的谜题
- Q任务小活动：问题折纸
- 如何激发学生对于一门新课程的兴趣？
- Q任务小活动：培养求知欲

> 教学，是一门唤醒学生与生俱来的好奇心的艺术，并旨在今后的学习中，让这一好奇心得以满足。
> ——阿纳托尔·法朗士（Anatole France）

1. 激发好奇

好奇心有何益处？

> **Q 任务**
> 学生会对自己的好奇心进行反思并思考它如何激发学习潜能。

任务说明

好奇心是学习过程中的一个重要因素，同时也是动机的源泉和促进者。在这个任务中，学生会借一些耳熟能详的有关好奇心的名言来建立他们对于好奇心的理解，你可以激发学生与生俱来的好奇心，让他们专注于某一学科和学习活动中。

建立理解

- 选择一条名言来使这个任务具体化。例如，"我们坚持向前走，打开新的大门，做出新的尝试，因为我们是充满好奇的，好奇心引导我们开辟出新道路"(Walt Disney)。更多好奇心名言见下框。教师询问学生对于名言的理解，讨论这些名言怎样才能鼓励学生变得更加富有好奇心，并记下结论。
- 将全班学生分成若干小组，给每一小组提供一张中间写有一条好奇心名言的图纸，留出时间让小组讨论名言，并把他们的答案"涂鸦"在名言周围的空白处。各小组轮流走动浏览每一条名言，在涂鸦上增添自己的答案。最后将全班的图纸展示出来。

好奇心名言

- "好奇杀死猫。"（未知来源）
- "好奇心并不会杀死猫，这是一个愚蠢的神话，一个危险的信号。"——杰米·麦肯瑞(Jamie McKenzie)
- "治疗无聊的良药是好奇心，好奇心百利无害。"
  ——多萝丝·派克(Dorothy Parker)
- "好奇心是充满活力的思维中永恒不变且不可或缺的特质。"
  ——塞缪尔·约翰逊(Samuel Johnson)
- "我没有特殊的天赋，我只是有强烈的好奇心。"
  ——阿尔伯特·爱因斯坦

Q 提示	实践练习
我依然记得大学英语教室门上的标语,"对文学的爱好是自己培养的,不是老师教来的"。尽管我已经不记得教授的名字,我仍然记得他对文学的热忱和我对文学的着迷。看到这句标语,我瞬间充满兴趣,好奇于怎样才能促进"培养"这份爱好。是否是因为我的好奇心被这句标语引发出来,才使得我更容易被教授散发出的热情所感染呢?	☐ 用问题提示,帮助学生建立好奇心和学习之间的联系: • 哪些学科是你最感兴趣的?它们哪个地方最吸引你? • 在这些学科当中,有某些主题是比其他主题更使你感兴趣的吗?是哪些?为什么? • 如果你可以学习/研究任何东西,你将学习/研究什么? • 你对于某一主题的好奇心是怎样影响了你对该主题的学习的?你学习得有多用功?你记住了多少? ☐ 汇报。给学生时间让他们选择一句名言,思考这句名言是否影响了他们对于好奇心的理解,并写下学习记录反思。

好奇心如何使学生成为提问者？

Q任务	任务说明
学生将开始理解好奇心和提问题之间的联系。	推崇和鼓励人类与生俱来的好奇心是建立探究文化的第一步。在这个任务中，学生会去探索某个故事中具有好奇心的角色，然后检验他们自己的好奇商数。

建立理解

- 通过阅读和讨论某个包含十分明显的富有好奇心的角色的故事来导入这个任务；例如，莫·威勒姆斯(Mo Willems)写的《鸽子找到热狗》(*The Pigeon Finds a Hot Dog*)这个故事。
- 要求学生给好奇心下个定义，让他们给出证据证明在这个故事中的鸭子实际上就是它们声称的好奇鸟。
- 让学生用头脑风暴的形式举出书籍、电影或电视中富有好奇心的其他角色。
- 提供"你有多好奇？"表单给学生(第19页)。
  阅读表单上的所有问题，让学生尽可能诚实地完成自测。你需要向学生解释你并非是在寻求一种正确或错误的答案，测查的目的是帮助每个同学获得自信心，明白具备好奇心和成为一个不错的提问者之间有何联系。
- 完成自测后，和学生交流讨论各种他们乐于表达的想法和观点。

Q 提示	实践练习
• 好奇心是发明家、艺术家和企业家的宝贵品质之一。这个任务可以作为学习名人名家、发明或艺术试验的起点。 • 基于人类与生俱来的好奇心来研究周围环境。可以从浏览如"天然好奇心：教师的资源"这样的网站开始。	☐ 给学生提供"我的观点"表单(第20页)。 ☐ 指导学生思考你给出的故事，反思自测，讨论好奇心。 ☐ 让学生思考好奇心的利弊，在提示下完成表单，帮助他们形成自己的观点。 Q+ 　　为学生制作一个可匿名填写的调查表。让学生分小组评论调查结果，分析收集到的结果数据的模式和趋势。各小组分享他们的发现，确定出可以代表全班的最重要的发现。在此基础上，讨论下一步可以做什么。

1. 激发好奇

你有多好奇？

你在课堂上问过问题吗？

什么时候你最容易问问题,在学校还是在家？

在什么时候你觉得问问题很困难或者不愿意问问题？

你是否喜欢其他同学问问题？

其他同学提出的问题怎样帮助了你的学习？

老师提出的问题怎样帮助了你的学习？

你自己提出的问题怎样帮助了你的学习？

你觉得好奇心是什么？

你是否认识一个特别有好奇心的人？分享一些表现他好奇心的例子吧。

我的观点

我认为好的	为什么?	我认为不好的	为什么?

我认为……

另一方面……

我的个人观点是……

1. 激发好奇

我们怎样利用"20个问题"?

Q 任务
学生将会在"20个问题"的游戏中运用策略性提问技巧。

任务说明
　　这是一种培养策略性提问技巧的好方法,也是一种巩固课堂内容的参与性活动。在这个任务案例中,这个班级刚完成"动物分类"单元的学习。

建立理解
- 5个同学一组,指定每个小组中的1个同学选择一个动物,其余4个同学共同提问来猜出这个动物。
- 提问者只能问以"是"或"否"为答案的问题,问题总数不超过20个。
- 被提问的学生需要记录提出的问题,或者指定某个学生充当问题记录员和计时员(设置的时间限定能够有效推动提问的持续进行)。
- 提问者可以随时猜"它是不是……",如果猜测错误,游戏继续进行。你可以规定每一回合中,至多能猜多少次。
- 此任务的目的是学会策略性提问,避免没有价值的问题浪费提问次数,且新的问题需要建立在之前其他同学提出的问题之上。
- 正确答案被猜到后,换另一个同学选择新的动物重复游戏,直到每组每个同学都充当了提问者和被提问者,或直到活动时间结束。
- 所有新的策略,都需要先在全班讲解,让学生不断练习,直到学生有能力在小组合作时运用它。

Q 提示
- 在任何年龄水平都可以采用"20个问题"的形式,复习历史人物和事件、地理位置、儿童文学作家、流行文化人物和科学主题等。这是一种适用于下雨休息天或长途巴士之旅等场合的很棒的活动。

实践练习
　　向学生讲解活动,列出他们认为好用的策略和他们遇到的问题,让他们反思游戏过程,并完成"我对20个问题的看法"学习记录(第22页),以此使他们能学会明确表达他们小组是怎样运用策略性思考和提问技巧来猜测动物的。

Q+
- 邀请神秘嘉宾通过社交媒体视频会议或聊天工具与全班或每个小组进行交流,学生有20个问题可以问,可以让他们猜猜神秘嘉宾来自哪里,也可以猜猜神秘嘉宾是谁。
- 第22页的"我对20个问题的看法"表单可做成表格,让学生把答案转化为电子表格,以便于分析。例如,利用谷歌表格和谷歌电子表格。学生可以运用电子表格总结规律,逐渐理解怎样进行策略性提问。可以把结果当作诊断性工具,明确学生有哪些知识缺陷以及确定下一步该做什么。

21

我对20个问题的看法

"20个问题"的游戏怎样帮助你温习了今天的学习主题？为什么？

这个活动的难点在哪儿？

你和你的组员们在进行猜测的时候运用了哪些策略？

你们小组合作得怎样？

下一次玩"20个问题"的时候，你希望你们小组怎么做？

1. 激发好奇

> **Q 任务小活动**

"20个问题"的变形

问题盒子

- 准备一个带盖的盒子,在盒子里面,放上你想要学生发现的某样东西。这个东西应当在你的课程中具有特殊的用途,或者是一个有趣的东西,例如一个带有标记的棒球。它应当与你想要引入的一个新的学习主题或单元内容有关。例如,放置一本受欢迎的书用来导入青少年读书周,放置一个午餐盒用来导入关于营养的学习单元。低年级学生可以带来他们珍爱的宝贝,要理解此活动不同于传统的表演秀。
- 整个活动应当最多不超过3~5分钟,有时间限制的活动更能够激发学生参与的热情。全班学生可以提出以"是"或"否"为答案的问题,但他们一共只有20次提问的机会。
- 此活动的目的是让学生练习提问技巧以及在其他同学的问题基础之上策略性地提问,以使全班同学可以推测出"今天的问题盒子里是什么?"的答案。

我在想……它是什么?

这个通常在长途汽车旅行中玩的传统游戏,是练习目的性提问技术的好方式。任何一个同学的思考过程都为其他同学提供了猜测答案的线索。

- 我在想它是一种绿色的东西,会是什么呢?
- 我在想它以字母K开头,会是什么呢?
- 我在想它是在农场上生活的动物,会是什么呢?

因此,全班拥有20个问题的线索来猜测答案。

图片探索

适用于喜欢画画的学生。

- 每一个用学生素描画一个他们感兴趣的东西。例如,运动器材或图标、路标、商标等。这个素描画的内容应当是具体的,比如提供某本书或某个歌名的线索。
- 指导学生折好他们的画,把每幅画放进一个信封。
- 将学生分为3人一组。
- 每组中的一个学生打开他/她的信封,分享他/她的画,另外两个学生轮流问问题,运用"20个问题"的方法,猜测每幅画代表什么。
- 下一位同学分享自己的画,重新开始问20个问题,直到三幅画都被猜到为止。

如何用谜题吸引被动的读者？

Q任务	任务说明
学生会检查谜题，寻找相似性和模式。	谜题是提问中的一种比较复杂的形式，在出题和解谜的过程中都需要复杂思考技能和问题解决技能。谜题还被用于吸引被动的读者。通常，谜题和大众媒体相结合，给学生提供将个人知识和经验联系起来的机会。谜题还是一个分享或回顾最新学习内容的方式。

建立理解

在小组分享活动中引入Q任务，阅读一些你最喜欢的书中的谜题，比如 Lyn Thomas 的 *Ha Ha Ha*。邀请组内学生依次分享他们最喜欢的谜题（为了确保每个学生都准备好参与到任务中，应当在前一天布置作业让学生准备一个谜题并带到学校来）。分享结束后，询问学生听到的谜题中是否有相似的，是否听到了重复的模式，将学生的想法编制成"谜题的模式"表格，讨论他们的发现。

实践练习

☐ 三四个学生为一组，提供给每组学生一张记录单、一些便利贴和一本精选的谜题书。每个小组需要4~5本书（向当地公共图书馆借阅谜题书，弥补学校图书馆和教室藏书的不足）。
☐ 请学生朗读、分享和检视谜题书，寻找谜题中的相似点和模式。
☐ 让学生将发现的相似性模式写在便利贴上，贴在相应页码的相应位置。
☐ 让每个小组保留好他们对相似性模式的记录，准备和全班分享他们的发现：

- "咚，咚"
- "我是谁/什么？"
- "用多少_____改变一只灯泡？"
- "你怎么知道……"
- "当……你得到什么？"
- "一个_____对……说了什么？"

Q+

- 让学生合作，用漫画制作工具将谜题变成四格漫画，保存并分享。
- 在你的网站或博客中创作谜题网页，记录学生的成果。

1. 激发好奇

怎样帮助学生编写谜题？

Q 任务	任务说明
学生会应用谜题设问模式和词汇联想来编写谜题。	学生现在对谜题的模式已经很熟悉了，他们将要学习怎样应用这些知识，来编写自己原创的、基于熟悉的语境和概念的谜题，例如一些童话故事、典故和童谣等。

建立理解

- 回顾第24页中所发现的谜题中的相似性和模式。
- 朗读一个熟悉的故事，比如《鞋匠和小精灵》，让学生列出故事中的人物和物体。运用第26页的"相像"表格，让学生用头脑风暴的方式，选择故事中的相应人物和物体填入表格中。
- 回顾第24页的谜题模式图表，给学生思考，想出一个基于故事的谜题，分享并记录。
- 以另外一种方式重读故事，如果可以的话，展示视频。再一次给学生时间创作新的谜题，分享并记录。
  这是对谜题内容提出规范化指导方针的好时机，讨论精妙的谜题和刻薄或粗鲁的谜题之间的区别。

Q 提示

- 谜题可以被添进班级册里，在全校展览，或者刊登在新闻通讯和校园网站上。
- 在编写谜题的过程中，收集同音异义词也非常有用。

实践练习

☐ 让学生搜寻一则他们愿意借其编写谜题的童话或典故，提醒学生拟出一个网格或借用第26页的"相像"表格。字典和辞典也有助于思维的发散。鼓励学生借鉴"谜题的模式"一课，将其作为创作的起点。让学生和其他同学一起检验自己的谜题，做出必要的修正。

Q+

用录音工具将猜谜变成协作的虚拟活动，把录音/播客内容放进网页中，或选择含音频组件（如 Voice Thread）的多功能工具，使学生能够对谜题进行回复，并添加上自己的谜题。谜题可以和任何地方的学生及班级分享，让大家在探索新情况的时候获得新的学习机会，并提出许多新问题。

相　　像

单词/角色	看起来像	听起来像	尝/闻起来像	感觉像

Q 任务小活动

更多的谜题

在这些谜题任务中,教师要指导学生回顾重点课程中的重要信息,并略记下关键知识。现在,让学生运用学到的知识,形成以短语或一个单词为答案的琐碎问题。"谁、什么、何时、何地、怎么样"等都是这个任务中的适宜的问题起始词。

学生们以一种创新方式分享他们的谜题式问题,让他们交换问题,解决对方的问题。这是培养学生语言技能和巩固课堂知识的一种好方法,适用于任何年级和课程。

填字游戏

在在线电子填字游戏如加拿大探索教育提供的Puzzlemaker中编写填字游戏。如果你拥有许多琐碎问题的知识,编写填字游戏会变得很容易。

翻翻书页或小册子

指导学生在中等大小的便利贴或彩色卡纸上记录下琐碎问题,固定好问题卡的一边,在另一边写下答案。编写的版式有无数种。

交互式谜题

教学生怎样利用幻灯片和视频协同创作技术(如谷歌演示)的优势来创作交互式的谜题秀。超链接、动画等特殊功能都具有激发学生想象力的巨大潜力。一起来准备这场秀可以带来更多的乐趣,因为学生在滑动幻灯片的时候能够彼此交谈,即使他们身处不同的地方。将谜题秀添加到学校图书馆网站上,将这份乐趣传播开去吧!

谜题推文

如果不能看到或听到猜谜题的人的反应,谜题的乐趣也就不存在了。因此,学生可以将他们的谜题发到推特社交媒体上,感受别人的回复和评论所带来的乐趣。

Q 任务小活动

问题折纸

　　这是一个传统的、久经考验的、现在仍然受到学生欢迎的游戏。制作一个问题折纸，常见的有"东、南、西、北"或者"算命者"，参见第30页的说明，以数字或颜色作为象征性标签，置于折纸的内部，每一次游戏所开启的标签，即代表着你所询问的问题的答案。你和你的学生们还能将这个游戏拓展成多少种应用形式呢？

书本回顾

- 为什么其他人喜欢读这本书？
- 还有谁可能喜欢读这本书？
- 你希望书中哪一个人物成为你的朋友/亲人，为什么？
- 为什么书中的故事情节是可信的？
- 书中的背景设定是怎样影响故事发展的？
- 当你读这本书的时候，你的感受是什么？
- 你最喜欢这本书的什么？
- 你对这本书的作者有什么建议吗？

小组活动评价

　　运用问题折纸激励学生回顾小组活动，问题是关于小组活动本身的：

- 小组成员怎样互相帮助？
- 是什么在帮助你们小组专注于任务本身？
- 你们小组应当怎么改进和提高？
- 你们小组做得最好的地方是什么？
- 你最喜欢充当小组什么成员身份？
- 参与小组活动为什么使这项体验更有价值？
- 你发现你的组员伙伴有什么天赋/技能？
- 你们小组怎样保证每个成员都参与其中？

1. 激发好奇

Q 任务小活动

问题折纸（续）

课前阅读活动

如果你准备让学生开始学习新的课文,为了激起他们对该课文的兴趣和深入思考,可以让他们用以下的"问题折纸"对彼此进行测试。

- 看到这本书的标题,你想到些什么?
- 看到这本书的封面图,你对这本书有何期待?
- 这本书背后的宣传语怎样影响着你对这本书的看法?
- 你认为这本书将会在哪里出现?
- 你觉得老师为什么要选择这本书来让全班阅读?
- 关于作者,你了解些什么?
- 对于作者的了解怎样影响了你对本书的期待?
- 看到本书封面、标题和封底之后,你有什么好奇的地方?

讨论问题

为了让学生对问题产生深入思考,让学生以小组的形式进行"问题折纸"活动,在一个单元的学习结束的时候,这会是一个积累知识的好活动。

- _____和_____有何联系?
- ……有什么影响?
- 如果……会怎么样?
- 为什么_____对……很重要?
- ……的替代品是什么?
- _____怎么改变未来?
- 对于……你的观点是什么?
- 哪一个观点有/没有被呈现出来?

考试准备

一旦学生体验过几次用老师准备的问题开展"问题折纸"活动后,你就可以让他们学习怎样自主提出问题。在学生为单元复习测试做准备的时候,让他们用"问题折纸"的形式独立地提出关于本单元的八个问题,并用这些问题测试其他同学,更好地为考试做准备。

制作一个"问题折纸"

做法如下：

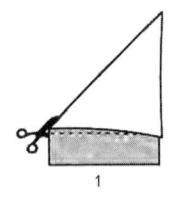

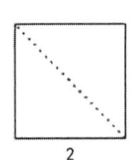

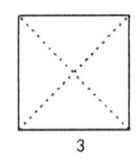

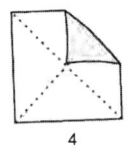

1. 如果你用的是一张标准规格的纸，你需要将一个角按正方形对角线折叠，剪去多余的长方形部分。
2. 展开后你将得到一张正方形的纸，将另外两个角对折，得到一条新的折痕。
3. 展开后回到正方形。
4. 接下来，将每一个角折向对角线的交点处。

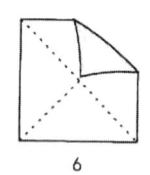

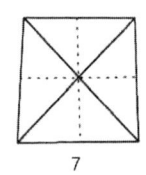

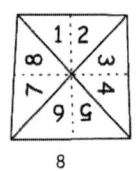

5. 4个角都折好后，应当如图5所示。
6. 接下来，翻一面再次将4个角折向对角线的交点处。
7. 所有的角折好之后，应当如图7所示。
8. 如图所示写上1~8的数字，每一个封舌上有2个数字。

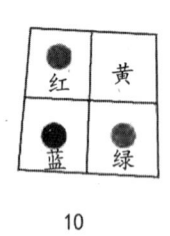

9. 翻开每一个封舌，在数字背面写上8个问题。
10. 翻一面，在4个封舌上涂上不同的颜色，或写上不同颜色的名称。
11. 翻转拱起，将你的大拇指和食指伸进纸空中，手指应当往中心点使力，使4个封舌在中心点汇合。

1. 激发好奇

如何激发学生对于一门新课程的兴趣？

Q 任务 学生会开始用"我想知道"提问。	**任务说明** 　　学生们已经认识到了社区工作者的重要性，例如护士、医生、教师、警察、消防员、邮政工人。他们对探究语言更加熟悉，并记录下自己的个人疑惑和发现。 **建立理解** 　　邀请一位社区工作者嘉宾来到教室，在嘉宾到来之前，询问学生对于嘉宾的工作内容想要知道些什么。绘制一个课堂求知图表，求知项可由如下提示语引出： • 我们想知道是否…… • 我们想知道什么时候…… • 我们想知道怎么…… 在嘉宾来访期间，密切围绕图表上的问题进行讨论，嘉宾离开后，用记录下来的嘉宾的谈话来补充图表，记录所得。 "乐于求知的人会发现求知本身就是奇妙的" ——M.C. 埃舍尔（M.C. Escher）
Q 提示 "我想知道"小册子可以制作成折叠书、扇叶书、翻页书等，是不同形状的书。有许多包含这方面好想法和步骤化指导视频的网站。	**实践练习** 　　学生会对社区工作者有诸多想要知道的问题，制作"我想知道"小册子，让学生记录他们"想知道……"的问题和调查发现。应提供给学生符合他们阅读水平的各种资源，使他们能够找到答案。语言能力比较差的学生可能需要一个学习伙伴去帮助他们阅读和记录。小孩子们还可以用画画的方式来记录，学习伙伴可以帮他们写下来。 **Q+** 　　学生可以用一些免费的工具创作数字化"我想知道"册子，这些免费工具能让数个学生同时进行创作和编辑。例如：故事鸟（Storybird）。

Q 任务小活动

培养求知欲

想象

好的图画书可以培养学生的想象力,将许多故事书作为促进学生写作和阐述的工具。

- 罗布·冈萨尔维斯(Rob Gonsalves)写的《想象夜晚想象白昼》提供了一个想象力的完美典范,在赏析完这些佳作后,让学生去"想象一个……(假期、家庭、时间、小镇、夏天等)",写作他们自己的想象之书,或者一起写一本班级想象之书。
- 阅读简·威尔逊(Jane Wilson)写的《想象》一书,按时间倒序追忆罗兰·阿婕(Aunt Violet)的一生以及她所经历的一切变故。让你的学生去拜访一位老人,发挥他们自己的"想象……想象某个时间……",以时间顺序为线索想象一个故事。

如果……?

- 让学生3~4人一组,给各个小组提供不同的短故事(符合他们阅读水平),让他们去阅读和学习。
- 指导学生阅读故事,然后用"如果……?"提示语去思考另一种替代性的故事结局。
- 让学生记录下"如果……?"这一想法,然后独立地选择其中一个观点,重写故事结局。

求知之轮

任何主题的学习都可以通过"求知之轮"(第34页)来开展。

- 提供给学生学习主题的背景信息,如果学生没有相关的经验,很难对一个东西产生好奇心,教师可以通过播放短视频、展示图画、朗读图书、请嘉宾讲话等方式很快地将背景信息告诉给学生。
- 制作"求知之轮":
  - 剪下圆轮形状,将它粘在纸盘上。
  - 把箭头粘在硬纸板上并剪下。
  - 将箭头连接在圆轮的中心,制作成一个转轮。

作为替代,你可以制作一个更大的供全班使用的转轮。

- 指导学生转动箭头,箭头停止旋转后指向某个疑问词,学生即用这个疑问词来提出对于当下学习主题的问题。

这个练习是以口头提问的方式来深入学习某个主题,而且学生也能够记录下他们自己想知道的问题。

1. 激发好奇

> **Q 任务小活动**
>
> # 培养求知欲（续）
>
> ## 科学的求知
>
> 让学生在开展科学实验或技术探索之前、之中或之后培养求知能力，在科学证明课上教给学生求知的模式。即使是特别业余的科学研究者，也能学会照第35页"我的科学发现"记录自己的发现和问题，但他们也可能需要一个学习伙伴来帮助记录。
>
> ## 求知1000个问题
>
> 建立一个虚拟的共享页，让学生、家长和老师都能在上面提出自己的问题，设立一个问题目标数量，不断靠近这个目标。
>
> ## 求知手工艺品
>
> 以手工艺品为学习重点，例如一个不寻常的工具或设计作品，让学生记下自己"想知道"的问题。通过记录对于不寻常图像的求知问题，使之成为一个数字化虚拟活动。例如，将图像带入谷歌文档。
>
> ## "天才一小时"
>
> 这是一种鼓励自我指导式学习的方法，在教室和校园图书馆中越来越受到欢迎。为了使学生能够更好地为他们想要深入探究的想法和课程做准备，让学生对"天才一小时"里"想知道"的问题做正式的记录。浏览"天才一小时"网址获取更多信息。
>
> ## 创客空间
>
> 动手做实验、玩耍、创客空间等都是让学生投入到真实学习中的行之有效的策略。在学生体验某些材料、技术或带着想法玩耍的时候，与他们进行交谈并对学习过程进行录像。

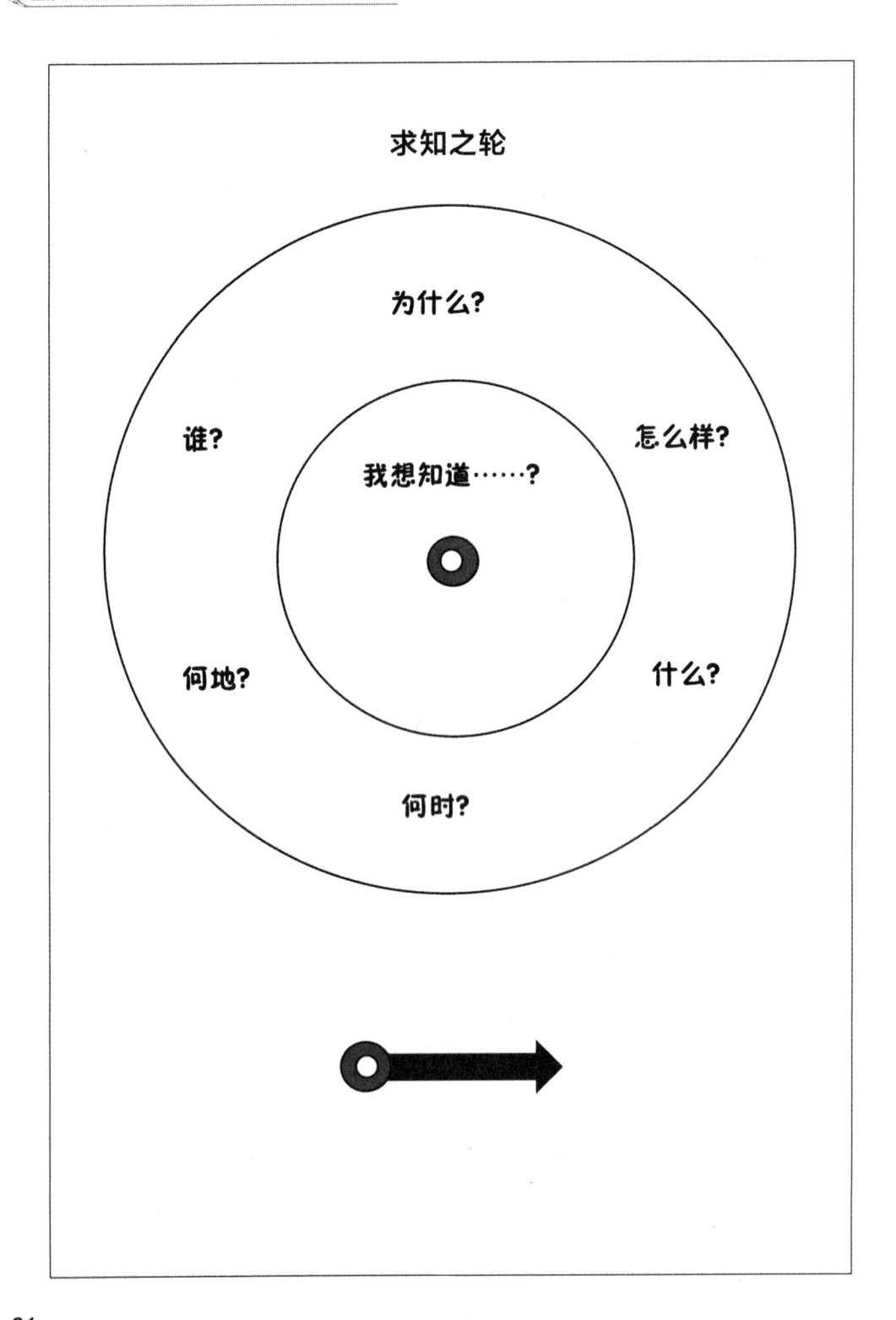

求知之轮

- 为什么?
- 谁?
- 怎么样?
- 我想知道……?
- 何地?
- 什么?
- 何时?

1. 激发好奇

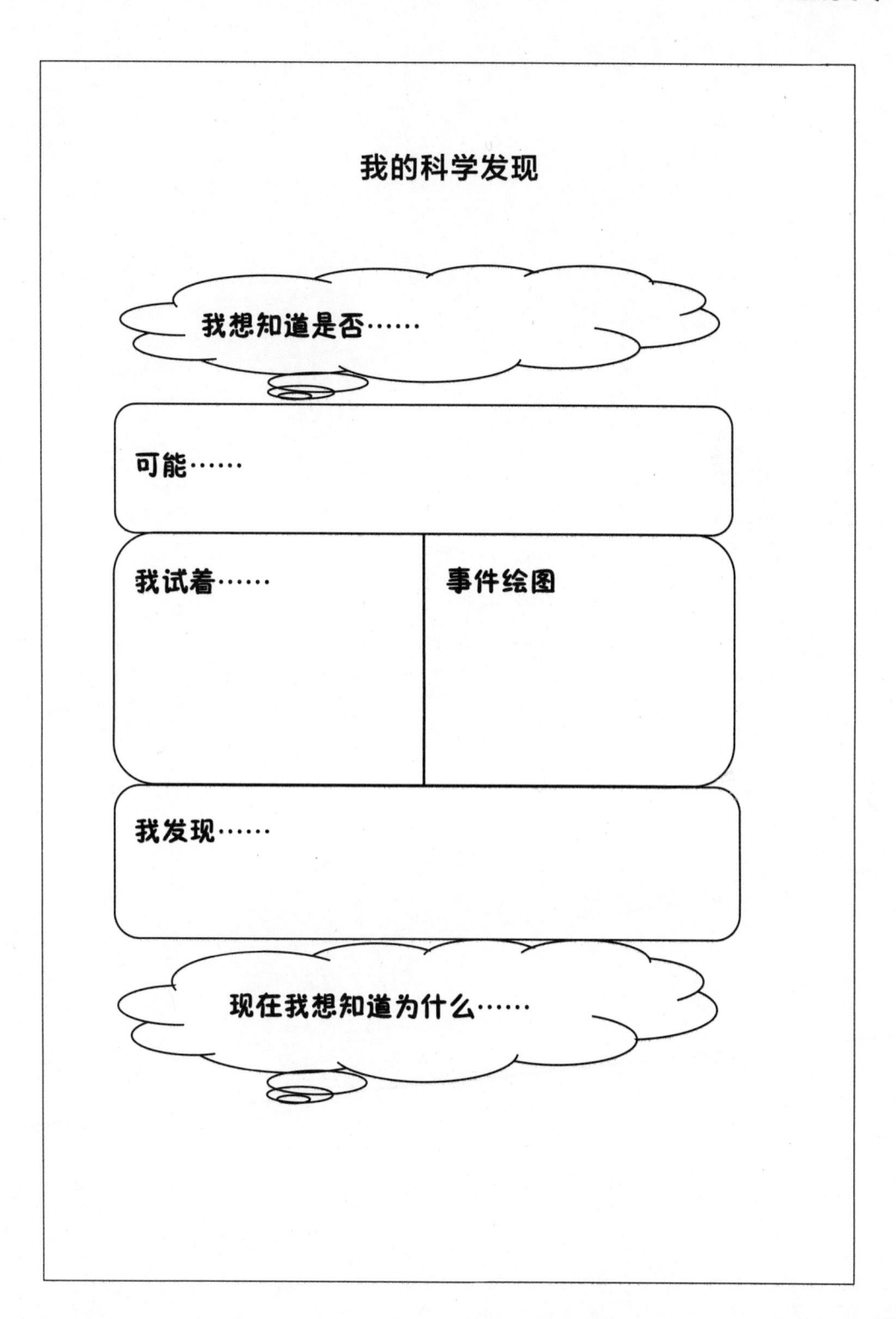

我的科学发现

我想知道是否……

可能……

我试着……   事件绘图

我发现……

现在我想知道为什么……

2. 理解问题

我们怎样才能帮助学生理解问题和提问？

> 问题即答案……提出精妙的问题，是那些驰骋于信息高速公路上的人所应掌握的必要技术。
> （麦肯瑞，《学会提问、求知与学习》）

当我们让学生认识到不同形式问题之间差别的时候，学生不仅可以学会如何回答问题，还能学会如何提出问题。我们希望学生能够思考，当一个问题被提出来的时候，其目的是什么，以及这个目的如何影响问题本身的构建。

构建问题是一个复杂的技能，取决于区分不同问题的不同认知层次（Ciardiello,1998），因为问题的种类实在是太多了，问问题的目的也千变万化。收集大量的问题样本，指导学生自主发现和揭示不同的问题模式，这是非常重要的。为此，我们可以引入和塑造某些基本的提问和思考的组织结构，例如请求策略（ReQuest Strategy）、德·博诺的六顶思考帽（de Bono's Six Thinking Hats）和布鲁姆的分类法（Bloom's Taxonomy）。

一旦学生学会了区分问题,他们就能够选择合适的对策,制订有效的计划去追溯答案来源:阅读独立的文本、推理、和同伴讨论或做一些研究。识别问题类型和追溯问题来源的能力均有益于学生对小说和非虚构类体裁文本的阅读理解。

以下策略可以指导学生认识问题类型,寻找回答问题的线索。

- 怎样运用问题搜寻?
- 怎样帮助学生分辨不同的问题类型?
- 怎样教给学生开放式和封闭式问题?
- 怎样帮助学生理解问题具备不同的功能?
- 怎样帮助学生提出具有特定目的的问题?
- 对问题进行编码如何促进学生寻找答案?
- Q任务小活动:德·博诺的六顶思考帽
- 我们能从关于问题的名言中学到什么?

> 如果一个人掌握并理解了某事,那么他也能洞见和理解很多事。
>
> ——凡·高(Vincent van Gogh)

2.理解问题

怎样运用问题搜寻?

Q 任务
学生开始明白问题的类型是多种多样的。

任务说明
　　此任务适用于各个层级和水平的学生,向他们介绍关于如何提问的背景知识。不要太仓促地进行这一活动,给学生留出充足的时间,去收集大量的问题。

建立理解
- 通过阅读和讨论关于收集物品的故事来导入这个活动,例如 Peggy Christian 写的《如果你找到一块石头》。在这个故事中,每一块石头都有不同的用途或功能以及不同的结构,但它们本质上都是石头。"问题"也是一样。
- 告诉学生他们即将要开展"问题搜寻"活动了。提供给学生报纸、杂志、小册子,让他们寻找并剪下里面的问题。学生可以将他们收集到的问题放在信封里。
- 发给学生"我♥问题"单(第40页),让他们正式记录他们最近听到或读到的问题,让他们尽可能多地填写。你需要大量的样本。
- 下一步按以下模式进行:用一张大纸记录12个左右的问题,张贴和朗读这些问题,让学生寻找问题中的共同点。他们是否能够想到对问题进行分类和组织的方法?用尽可能多的方法组织和整理这些问题,以便让学生能看到问题各自不同的结构和意图。

Q 提示
备选问题分类标准:
· 起始词:谁、什么、何时、何地、为什么、怎么样、如果、应该、能够等。
· 常用动词:单复数形式、各种时态的"是""能"等。
· 概念:感觉、时间、地点、事件、事实、人物、观点等。
· 复杂性:简单的事实、需要研究、做决定、开放式等。

实践练习
☐ 让学生将他们自己的"我爱问题"单剪成小纸条,将纸条和对应的报纸和杂志配对。
☐ 两个学生一组,给每组学生一张大纸和固体胶,指导每组学生朗读他们的问题并寻找问题的异同点,对收集到的问题进行分类。
☐ 如果学生对问题的组织已经满意,让他们将问题纸条粘贴在纸上合适的位置,并写上分类名称。
☐ 分享全班的收集结果,形成按问题结构和/或问题意图对问题进行组织的一系列观点。用"我们爱问题"的小纸条铺满墙壁和走廊。

Q+
　　运用共享工具,如 Padlet 或 Stormboard。还可以在虚拟墙上对问题进行收集、张贴和分类。

我 ♥ 问题

怎样帮助学生分辨不同的问题类型？

Q 任务 学生会形成对于问题结构和功能的基本理解。	**任务说明** 　　问题是遵循一定的基本规则的。分析大量不同类型和格式的问题，让学生寻找问题的模式，形成自己的理解。 **建立理解** • 让学生分组完成第42页的"细看问题"单。 • 给学生提供包含各种问题的某篇小说的选段，让学生大声朗读。 • 让学生寻找问题中的相同点和不同点，在表单上将他们的发现记录下来，运用"看起来像""听起来像""问题的用途"等作为开头。 *[问题思考思维导图：通常以"谁""什么""什么时候""在哪儿""为什么""怎么样开始；以一个问题标记结尾；一些问题寻求简短的答案和事实；一些没人回答的问题让我们思考；也可以一个动词开头，例如是、会、做、可以、能、等等；也可以只是一词，如为什么、怎么、什么时候、谁、哪里？；一些问题要求更多的调查；答案通常出现在结尾]* • 选择那些明显包含不同类型问题的视频新闻剪辑、采访或戏剧作品让学生观看，观察人们在问问题时候的肢体语言，倾听声音变化，让学生将他们的观察结果记录在单子上。 • 现在，询问学生何时和为何要用到问题，让学生在表单上记录下他们认为的问题的作用，共享以形成班级成果。 **实践练习** 　　让学生小组合作绘制一个问题网，体现出他们所了解到的所有关于问题的知识。 **Q+** 学生可以运用共享式网络程序去建立一个关于问题的网站。例如，Lucidchart、谷歌文稿的一种插件。数字网络非常便于课堂分享，许多网络工具还涉及信息层和其他文本或媒体的超链接，因此学生可以用他们找到的案例来扩展每一个知识点。
Q 提示 影音片段库： • CBC 数字档案。 • 加拿大图书馆和档案室。 • 美国国家档案馆。	

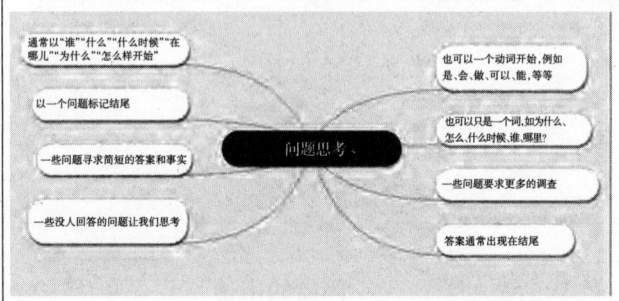

细看问题

看起来像	听起来像

问题的用途

怎样教给学生开放式和封闭式问题？

Q任务 学生会区分开放式和封闭式问题。	**任务说明** 　　帮助学生发现问题具有不同的目的和不同的类型，是让学生认真设计有效问题的第一步。 **建立理解** • 在盒子里放入一个物品，全班传递盒子，询问学生"盒子里是什么？" • 鼓励学生运用各种感官能力，去猜测盒子里可能是什么，给学生解释：封闭式问题正如这个盒子一样，是关闭的，打开盒子看，就很容易得到问题的答案。像这样，通过寻找事实或数据，或通过观察就很容易回答的问题，就是封闭式问题。老师在问封闭式问题的时候，是想知道学生是否能回忆起相关的知识；人们在问封闭式问题的时候，是想要获得特定的信息。 • 打开盒子，向学生展示里面的东西，问第二个问题："盒子里的哪一件东西是最重要的？"这是一个可以有很多种不同答案的问题，取决于回答者。这就是一个开放式的问题，因为并不存在正确或错误的答案。 • 让学生小组合作，提出许多关于盒子里物品的问题，让学生将他们提出的问题分为开放式问题和封闭式问题两类。哪一种问题更加有趣？为什么？
Q提示 运用小说学习和知识学科中的问题继续巩固这一概念。在向学生提问的时候偶尔可以进行快速游戏：要求学生如果听到的是一个封闭式的问题，就举起自己的拳头；如果听到的是一个开放式的问题，就张开手掌。	**实践练习** ☐ 提供一个图表，上面写关于学生熟悉的某个内容的五六个问题。 ☐ 利用有声思维法，教给学生如何将问题分为开放式问题和封闭式问题。指导学生从第40页中的"我♥问题"图表中选择12个左右的问题，分为开放式问题和封闭式问题两类，记录在第44页的"思考问题"单上。 ☐ 让学生选出一个他们最感到好奇的问题，说出这个问题如此有吸引力的原因。 **Q+** • 让学生小组合作，编写关于同一个主题的两个开放式问题和两个封闭式问题。 • 让学生制作一个电子表格（如利用谷歌表单），将编写的问题输入进去，让其他同学来回答。 • 让学生学习电子数据表上已经给出的答案，讨论开放式问题和封闭式问题各自的用途、优势和缺点。 • 试试六步骤"问题构想技术"（QFT） 第一步：教师设计一个问题主题 第二步：学生创设问题 第三步：学生改善问题 第四步：学生将问题按优先顺序排列 第五步：学生和教师决定下一步行动 第六步：学生反馈所学

思考问题

封闭式	开放式

选择一个你最感兴趣的问题,解释为什么喜欢这个问题。

2.理解问题

怎样帮助学生理解问题具备不同的功能？

Q 任务
学生会理解不同类型的问题，按问题的功能对其进行分类。

任务说明

这个任务给学生介绍了另一种区分问题的方法,运用这个策略可以帮助学生意识到问题的设计是具有很强的目的性的,它取决于提问者的意图,需要将提问者的需求和问题类型进行配对。此任务能帮助学生在遇到任何语境的时候都能有效理解语义。

问题的分类

> 字面上的问题:这类问题的答案可以直接在文本中找到。例如,已知的事实。
> 字面间的问题:这类问题的答案需要将文本中的线索结合起来分析才能得出。学生需要基于提供的信息进行推理,这还有助于形成对文本的理解。
> 超出字面的问题:这类问题通常是本质反映。提问者需要将文本和其他与文本相关的概念联系起来。这类问题的答案需要回答者思考事实和线索背后的深意。

Q 提示
这个策略的其他应用,见介绍 Arthur Costa 的问题层次的视频。

建立理解

- 选择一部经典的图书或童话,例如 Roch Carrier 写的《曲棍球毛衣》,学生对这样的书已经很熟悉了。
- 基于选择的故事,创作字面上的问题、字里行间的问题、超出字里行间的问题。向学生展示问题,讨论可能的答案。询问学生可以在哪里或怎样去找到问题的答案。
- 准备一个表单,引入三种类型的问题。

问　　题	你能在哪里/怎样找到答案

- 持续练习,直到学生已能自信地区分问题的类型。

实践练习

- ☐ 选择故事,为每个故事准备一系列涵盖三种类型的问题范例。
- ☐ 将学生分组,给每个小组一个故事和相应的问题,让他们读故事,分析问题。
- ☐ 让小组交换问题,质疑或肯定别组的分析。教师在小组间循环走动,帮助学生讨论质疑。
- ☐ 对于整个班级,在各小组达成共识时活动终止,如果有些问题没有达成共识,则一起确定其正确的问题类型。

怎样帮助学生提出具有特定目的的问题?

Q任务
学生会应用问题分类知识,去创造满足特定需求的问题。

任务说明
　　学生已经学习了如何区分问题并练习了区分的方法,在这个任务中,学生将学习运用这种方法创设问题。这是一项跨学科的技能,适用于所有类型的文本,如:杂志文章、课文、小说、新闻稿等。

建立理解
- 选择一篇短小文章或故事将此任务具体化,投影于交互式白板上,同时给每个学生提供一份复印件。
- 回顾三种类型的问题:字面上的问题、字面间的问题、超出字面的问题。
- 让学生组队,运用共享策略创作问题。让学生独立思考字面上的问题,与同伴讨论,并与全班同学分享一个问题。确定提出的问题确实能通过阅读文本直接找到答案,并将这些问题记录下来。字面上的问题应当是数之不尽的,因此应限定时间。
- 运用同样的方法,提出字面间的问题。同样地,分享问题的时候应当确定文中已提供足够的信息,让读者稍作推断就能得出答案,记录其中的部分问题。
- 最后,提出超出字面的问题,确定问题能够让读者引申思考文本的内涵,记录问题。
- 持续用不同的文本练习此任务,直到学生已准备好自主完成。

Q提示
这个策略的一个好处是将个人的阅读能力与特定的文本匹配,使每个读者都能体验成功感。

实践练习
　　给每个学生提供一段文字和"你的问题是什么?"单(第47页)。让学生阅读文本,创设三种类型的问题。

Q+
　　给学生介绍共享工具,让他们能同时对线上文本进行分析——加亮文本,添加便利贴,回复别人的笔记,将他们的成果存档以供日后使用等。如:Diigo、The Diigo for Research- Student Guide,对 Diigo 不熟悉的学生可以从中获得个别辅导(HDMS图书馆媒体中心提供)。

2. 理解问题

你的问题是什么？

学生姓名：_____ 文章标题：_____

字面上的 <u>?</u>	字面间的 <u>?</u>	超出字面的→?

我想知道更多的关于……

或许我能……

47

对问题进行编码如何促进学生寻找答案？

Q 任务
学生们通过判断在何处、如何寻找问题的答案，来对问题进行分类。

Q 提示
学生可以将这个策略运用到小说和非小说体裁文本的阅读当中，提供给学生便利贴，让他们能够边读边记录编码问题。
- 这个策略来源于《分类问题》(Harvey & Goudvis, 2000)，更多信息见Stephanie Harvey 和 Anne Goudvis 的《有效策略》(第二版)(2007)。
- 其他方法：T.E.Raphael (1984) 开发的《问题答案关系》(QAR)。运用第49页的"QAR 分类问题"来帮助学生在面临任何类型的文本时对问题进行组织。

任务说明
在这个任务中，学生会建立问题分类的能力。对问题进行分类可以帮助学生提高联系与推理的阅读理解能力。不同的问题具有不同的寻找答案的方式，学生首先学习到以此作为划分问题的标准，继而学习应用这些知识，理解如何创建问题，同时将此策略运用于文章、课文摘录和视频中。

建立理解
过程模式：
- 找一篇有助于有待学习的课程主题的文章或课文选段，在"问题编码"表中编写各个类型的问题。

问题编码		
编 码	描 述	解决策略
?	字面上的问题	浏览文本
?̲	字面间的问题	阅读文本、寻找线索、做出推断
→?	超出字面的问题	研究文本、做联系
☁	背景知识	思考你和其他人已经知道的知识、讨论以获得答案
✓	研究	核查其他原始资料、做探究

- 释义编码，弄清楚编码如何帮助我们找到问题的答案，同学生分享文章和问题，让他们为每一个问题确定合适的编码。让学生对自己的分类做出解释。

实践练习
给学生提供另一门相关课程的文本和问题的复印件，让学生先独立地为每个问题找到合适的编码，然后在小组内比较和讨论他们的结果。提醒学生参考"问题编码"表和他们之前已经做好的示例文本问题编码。每组选出一名同学报告他们组的分类结果和理由。讨论每一个问题的时候，随机选择小组来分享，如果有异议再选择其他小组。

QAR分类问题

姓名：_____

类别	在书里		在我脑海中	
答案来源	就是那儿	放在一起	作者和我	我自己
怎样确定的答案	·文中直接交代的	·联系文中信息，总结结论	·审视通过阅读获得的信息和前面知识之间的关系	·只运用前面知识
创设问题并分类				
你是怎样做的？				

> **Q 任务小活动**

德·博诺的六顶思考帽

爱德华·德·博诺的结构化思考策略"六顶思考帽"(1985)在教育领域中,被认为是促成学生批判性和创造性思考的一项有效技术。让学生用这种方法思考,并给予他们多次练习的机会。可供学校应用的优质商品,见爱德华·德·博诺的网站。

六顶思考帽

白色思考帽:中立的,被认同的事实和细节。

黑色思考帽:审判的,检查消极方面。

黄色思考帽:乐观的,关注积极、合乎逻辑的方面。

红色思考帽:凭直觉的,从情绪和感受出发。

绿色思考帽:新鲜的想法,需要想象力和侧面思考。

蓝色思考帽:元认知,包含和反映上述所有思考,宏观看待。

当前事件

出示或表达一则当前事件的标题,总结出来给学生阅读。指导学生提出关于此当前事件的六个问题,填在第51页的"六顶思考帽"中。如果你选择将此策略作为日常任务,注意每天关注一顶不同的"思考帽"。

纪录片回应

当学生查阅或复习一个与课程相关的事物或事件的纪录片的时候,让他们用"六顶思考帽"表单详细记录下他们想到的问题。

拼图

当学生在准备选取一个待研究的主题时,让他们在"思考帽"小组中对他们的想法进行加工。划分六名同学为一组,使每小组中都有六种不同颜色思考帽的代表。指导学生分享问题,选择/优化那些有可能成为有效研究对象的问题。

文学圈

按"六顶思考帽"为学生分配问题角色,每名同学担当一顶不同颜色思考帽的角色,参与到文学圈讨论中。

思考帽的Q+

制作在线形式和电子数据表(如用 Google Forms/Spreadsheets),或者在文档中穿插一个图表,让学生能够一起合作研究"思考帽"问题。Stormboard 提供了一个"六顶思考帽"的模板。

六顶思考帽

针对学习主题创作出能代表六种思考类型的问题。

白色思考帽：事实和细节	**黑色思考帽**：调查消极面
黄色思考帽：关注积极面	**红色思考帽**：情绪和感受
绿色思考帽：需要想象力	**蓝色思考帽**：关注元认知

〔基于爱德华·德·博诺(de Bono),1985〕

我们能从关于问题的名言中学到什么?

Q 任务 学生们将会学习关于问题的名言,理解提问的作用和目的。	**任务说明** 　　对于学生来说,认识到提出有意义的问题有何价值和作用是非常重要的。有许许多多的关于问题和提问的名言,熟悉这些名言有助于提升学生对提问技能重要性的理解。 **建立理解** 　　收集一系列适用于你的学生理解水平的关于问题的名言,选择一条来完成这个任务。 问题名言示例: 我有六名可靠的服务员,他们教会我所有的知识,他们的名字是"何处""什么""何时""为什么""怎么样"和"谁"。 　　让学生思考这则名言的含义,讨论这则名言怎样帮助学生成为更好的提问者,记下他们的回答。 **实践练习** ☐ 选择一些名言打印在纸条上。 ☐ 让学生两人一组,分发给每组同学一则名言,让他们分析。让学生思考名言并讨论它的含义。让学生讲讲,这则名言怎样帮助他们成为更好的提问者。 ☐ 让每组学生分享他们对于手中名言的理解,将名言纸条张贴在教室里或公告栏上。 ☐ 提供给每个学生第53页的"有引用价值的问题名言"表单,指导学生选择他们最喜欢的名言,并用表单上的提示语分析该名言。 **Q+** 　　运用社交软件:让学生通过推特、脸书或Instagram寻找并分享最喜欢的问题名言。如果学生能找到无版权的图片或视频,他们可以运用演示工具,如Google Presentation来阐述他们的问题名言,共同制作幻灯片。
Q 提示 请学生带更多的问题名言到教室里,提醒学生时刻注意名言作者的版权。一些问题名言的来源如下。 • 智慧名言:名言的鼓励和挑战。 • 名言的世界:历史上的名言和谚语。 • 聪明的名言。	

有引用价值的问题名言

你最喜欢的问题名言是什么?

作者:_____

你认为这则名言的含义是什么?

这则名言怎样有助于你成为更好的提问者?

你能使这则名言更形象吗? 试试画素描、做单词网或画漫画等方式进行展示。

3. 学会提问

我们为何需要成为优秀的提问者？

巧妙的提问艺术对于教与学都是非常重要的，提出值得探究的问题是教师和学生都需要具备的能力。在当今21世纪，提问是追求成功的人终身必备的关键技能。

谁需要成为好的提问者？教师、学生、研究者、民意调查人、记者、规划师、新闻工作者、诊断医生、机械师、技师、修理工、医生、护士、私人教练、设计师、建筑工人、建筑师、销售员、旅行者、观光客、消费者、调查者、检查员、父母、律师，等等。提出有效问题是一项重要的生活技能。

什么是好的问题？问题有多种类型。一般来说，通过一个好的问题，我们能获得我们当时需要的信息。有时候，问题的答案只是简单的"是"或"不是"，然而在另一些情况下，答案可能复杂很多，所以问题本身也需要针对性地指向答案。一个好的研究问题能够引导提问者通过探索建立个人理解。同样的，问题或非常简单或非常复杂。

在课程中，从**哪里**提问？提问贯穿于课程全过程，学习的动力是由问题激发起来的，澄清细节和想法、促成理解、搜寻信息以及选择相关信息，这些都是以有效提问技能为基础的学科中的重要组成部分。对于任何学科内容，批判性思考都取决于提出有效问题的能力。对提问技能的需求是普遍存在的。

何时教给学生提问策略？在低年级段，我们教学生区分陈述和问题，我们还给他们介绍"5Ws"。为此，我们需要继续运用系统化的方法，教给学生提问的技能。正式地教给学生提问的技能是非常重要的[恰迪洛(Ciardiello),1998]。不论在什么年级，都应该花时间去观察和测试学生的提问技能水平，以使自己能够用合适的学习经验对学生进行干预。

怎样教学生成为优秀的提问者？我们能采用什么工具帮助学生发展和改善提问技能？本章中的任务即能帮助你做到这一点。

> 如果你不知道拉里·佩齐(Larry Page)和谢尔盖·布林(Sergy Brin)都是蒙台梭利学校的孩子，你就不能真正地理解谷歌。他们总是在问："为什么它会这样？"他们在小时候就已经如此善于提问了。
> ——玛丽莎·梅耶尔(Marissa Mayer)，前谷歌总经理，雅虎主管

伯杰(Berger,2014)告诉我们，以探究为基础的蒙台梭利学校非常强调让学生探索、自主学习，强调完成项目而非通过考试，对学生的成就有持续的记录。如今，蒙台梭利学校的很多学生包括维基百科的创始人吉姆·威尔士(Jimmy Wales)，亚马孙的杰夫·贝佐斯(Jeff Bezos)，谷歌的联合创始人谢尔盖·布林和拉里·佩齐，他俩都运作着高科技领域中名声显赫的公司，这些校友都是知名的蒙台梭利党。

- "5Ws"和"How"如何帮助学生进行问题探索？
- 怎样帮助学生组织数据？
- 提问如何帮助学生探索主题？
- Q任务小活动：KWL小活动
- 怎样利用"问题网图"帮助学生找到焦点问题？
- 怎样向学生介绍"问题生成表"？
- "问题生成表"如何用于帮助引导研究？
- Q任务小活动：运用"问题生成表"

3. 学会提问

- 评价量规如何帮助学生提出更好的研究问题？
- 学生怎样缩小范围、聚焦问题？
- Q 任务小活动：强化 Q 卡片
- 怎样帮助学生形成目的性陈述？
- Q 任务小活动：布鲁姆式问题
- 学生怎样获得正确的问题？
- 怎样帮助学生从问题过渡到论点陈述？

> 重要的是不断地质疑。
> ——阿尔伯特·爱因斯坦

"5Ws"和"How"如何帮助学生进行问题探索?

Q 任务
学生会运用基本的提问起始词,提出符合自己特定需求的问题。

任务说明
　　在这个例子中,同学们正在开始研究机械装置和构件。他们要去周围邻居那儿搜寻有趣的机械装置和构件,在进行观察的时候他们会记下头脑中产生的问题。

建立理解
　　具体操作时,向学生展示一件有趣的机械装置,例如特殊的适用于厨房或花园的工具,学生可能对此不太熟悉。
- 在班上传递这个装置,让学生近距离观察。
- 回顾提问起始词:"谁""什么""何时""何地""为何"和"怎么样"。
- 给学生时间思考,他们对于这个工具知道哪些相关知识,以及对这个工具有什么好奇的地方。
- 记下学生知道的知识和想到的问题,在记录的时候,特别标记问题的起始词,并鼓励学生用五个起始词分别提问。

实践练习
　　提前为学生在邻里间搜寻机械装置做准备,给每个同学提供一张第59页的"问题之旅"单,让他们能够更好地记录下新的发现和问题。学生可以速写,或草草记下对于某个装置他们已经知道的和想要知道的东西。你需要提前分配好搜寻的路线,确保学生能够找到足够数量的机械装置和/或构件。

Q+
- 让学生用他们的智能电话或平板电脑拍下装置构件的照片,他们可以将照片插入在线文档中(如运用 Google Docs),并将问题也记录在其中。让学生和他人分享文档并使他人能够用不同颜色的字体或注释功能添加更多的问题。文档可以仅限参与的同学读取。
- 运用幻灯片应用软件(如 Explain Everything),学生可以将拍到的照片放入幻灯片中,用绘图工具给照片加上注释,也就是圈出特定的结构特点等。他们可以用录音功能将自己和同伴的问题录入到幻灯片中。幻灯片可以被输出共享。

Q 提示
教给学生观察的技能,使他们成为更好的提问者。以他们可以看到、摸到和闻到的物体开始。让学生画出物体的草图。在画的时候,他们需要关注到物体的细节,然后他们就能提出更多的问题。

问题之旅

草图	我已经知道的

我提出的问题	
谁	
什么	
何时	
何地	
为什么	
怎么样	
我怎样才能找到这些问题的答案？	

怎样帮助学生组织数据?

Q 任务
学生会运用提问的方式来引导搜索信息。

任务说明

在这个例子中,学生正在学习夜行性动物的生活。他们已经阅读了相关的故事、看了视频、讨论了一些夜行性动物。现在他们正准备选择一种他们感兴趣的夜行性动物,寻找更多关于它的信息。这个简单的 Q 任务为那些年轻的、没有经验的学习者提供了组织信息的框架。

建立理解

- 一旦学生选好了待研究的动物,就让他们将纸对折成十字分类图。让学生用头脑风暴的方法思考他们对于这个动物已经知道些什么,并记录在图表的左侧。然后同样用头脑风暴的方法思考他们对于这个动物能提出哪些问题,并记录在图表的右侧。你可以用印有提问起始词(如、谁、什么、何处、何时、为什么、怎么样)的卡片给他们一些提示。
- 让学生找一个同伴,分享彼此的问题,讨论哪一个问题是最好的探究问题。让学生排除或修正那些答案只有一个单词的问题。每个学生应当选择四个好的探究问题,并记录在第61页的"我的搜索记录"单上。
- 组织学生在学校图书馆中搜寻有助于他们解答问题的资源,温习评价资源有效性的方法。学生们应当选择四种渠道,鼓励学生选择尽可能多的渠道,如书籍、百科全书(纸质的和电子的)、网址、杂志,等等。

Q 提示
学生可能不能通过每一种搜索渠道找到回答问题的信息,请告诉学生这是很正常的。他们可能会通过不同的搜索渠道找到彼此相悖的信息,借此你可以适时地告诉他们运用多种搜索渠道解决问题的关键性,以及保证信息既与时俱进又可靠的必要性。

实践练习

辅导学生运用问题引导搜索信息。

☐ 教他们如何确定问题中的关键词,关键词能够帮助他们更好地运用目录表和索引,有目的性地找到需要的信息。
☐ 复习如何略读和浏览,如何做笔记。
☐ 再次用到"我的搜索记录"单,指导学生运用每种渠道,关注他们已经记下的问题,在对应的方框内做好笔记。

Q+

在电子数据表(如 Google Spreadsheets)中可以很轻松地编写出"我的搜索记录"单,使之成为能够将收集到的信息存档的共享式工具。每一位组员使用一种特定的搜索渠道,记录通过此渠道搜索到的对应于每一个问题的信息;或者每一位组员着眼于一个问题,通过各种搜索渠道收集关于此问题的信息。记录完毕后,让学生分析结果,寻找相似之处和差异,以及重要的观点与结论。

我的搜索记录

题目：_____　　　　姓名：_____

问题 \ 来源	1	2	3	4
1)				
2)				
3)				
4)				

提问如何帮助学生探索主题？

Q任务 学生会运用问题来引导探索一个新的主题。	**任务说明** 在这个例子中，学生正开始学习关于在北美的欧洲探险家的历史影响。学生需要掌握关于探险家的一些基本知识，才能开始他们自己的发现之旅。在这个Q任务中，学生通过许多资料去发现某些欧洲探险家的大体信息。 **建立理解** • 用一段短小的视频引入欧洲探险家的主题，给出关于欧洲和北美的历史时期和一些基本的知识，询问学生对于欧洲探险家已经知道些什么，记下他们的观点。 • 介绍提问起始词"谁""什么""何时""为什么"和"何地"，让学生思考关于欧洲探险家他们需要知道些什么，记下他们的问题。 • 询问学生在哪里能够找到关于欧洲探险家的信息，记下他们的回答。让学生给出能帮助他们找到特定信息的搜索关键词。全班一起列出搜索时需要用到的关键词。
Q提示 学生在提出关于一个主题的问题之前需要具备一定的背景知识。为什么背景知识的获得对于成功的学习是非常重要的呢？你可以在Literacy GAINS的《为背景知识留一席之地》和《为学术研究准备背景知识》(Marzano,2005)中找到答案。这个Q任务取自于凯什兰和兹万(2005)。	**实践练习** ☐ 给学生介绍图书馆中的资料来源(纸质百科全书、电子百科全书、书籍、图画和视频)。给学生分发空白的"速记知识交换卡"(第63页) ☐ 指导学生反复在上述资料来源处收集信息，他们会略读、浏览、阅读、查看和收听大量精心挑选出来的资料，在给定的时间内，尽可能多地完成"速记知识交换卡"。 ☐ 现在，帮助学生做联系。 • 各小组学生将本组的"速记知识交换卡"按探险家姓氏的字母顺序进行分类。 • 让学生按年代顺序、启程地点、目的地对卡片进行分类，然后再按出行理由进行分类。 • 让学生分享他们记录的速记知识，并记下所有有分歧的信息。 • 让每组同学分享他们分类卡片的方式，并指出他们发现的有趣的联系或模式以及有冲突的信息，讨论当遇到信息冲突的时候怎样进行辨别。 至此学生已经具备了一些背景知识，他们应当准备好对欧洲探险家主题进行更多的探究。 **Q+：共同收集背景资料** 高年级学生可以用可存档工具，例如Scoop，准备一堆关于本学习主题的优秀电子资源。他们可以在每一个"Scooped"点上添加问题和速记知识，与其他同学分享，共同收集本学习主题的背景资料。

速记知识交换卡

速记知识交换卡	速记知识交换卡
谁？	谁？
什么？	什么？
何时？	何时？
何地？	何地？
为什么？	为什么？

速记知识交换卡	速记知识交换卡
谁？	谁？
什么？	什么？
何时？	何时？
何地？	何地？
为什么？	为什么？

> **Q 任务小活动**

KWL 小活动

KWL 是可靠而有效的提高学生元认知能力的技术,它也向学生证明了学习是一个思考的过程,在试图理解新的事物的时候,这个过程包含诸多步骤。它是由 Donna M.Ogle 于 20 世纪 80 年代开发的一项旨在鼓励主动阅读说明文的策略,这项策略,如同所有的优秀教学策略一样,经过时间的考验,体现出愈发重要的价值和丰富的多样性。这项策略的优点之一是它重视学生的提问能力。现提供以下变形模式供您参考。

探索某个主题

成功的研究基于拥有探索某个主题的机会,并建立在可以催生探究活动的知识之上。运用故事、视频片段、寻宝游戏、演讲者等形式激活某个知识点之后,再采用 KWL。第 67 页的"KWL 单"可以让学生在纸上合作完成,也可以通过交互式白板予以展示。

- 在"知道的"一栏里,记录学生对于研究主题已经知道的信息。
- 在"想知道的"一栏里,记录学生想知道的或感到好奇的东西。
- 让学生体验探索性活动,比如翻阅书籍和查找网站。
- 在"学到的"一栏里,记录学生获得的新信息。

学生可以独立地完成"KWL 单",但要确保你给予了学生讨论记录内容的机会,通过询问学生如何通过"KWL 单"提升了自己对研究主题的兴趣来获得反馈。

为研究做准备

学生们在为某项研究搜寻各方信息做准备之前,需要将头脑中的想法组织起来,并制订一些计划出来。第 67 页的"KNoWLedge 单"能促进提问,并帮助学生激活前概念、识别资料、关注关键词,以推进研究。学生完成这个表单后,他们能更有效地利用搜索资料的时间,同时也留出更多时间处理他们搜集到的信息。

评价

- 在开始学习一个单元之前,运用 KWL 策略诊断测试学生对于一个主题已经知道些什么。
  - □ 让学生在第 67 页的"KWL 单"的第一栏记下他们知道的认为是本主题重要的知识,在第二栏记下他们想知道什么,在第三栏让学生将他们学到的知识绘制成网络图。
- 在单元学习结束后,让学生再填写一份新的"KWL 单",让学生比较单元学习前后的"KWL 单",写一写自己的进步之处。

> **Q 任务小活动**

KWL 小活动(续)

理解文本

KWL是记笔记的替代品,它能证明是否真的对文本有所理解。
- 选择一篇文章或教材段落,当作课程主题。
- 构建一个参与—引导式活动,提供给学生阅读文本和主动思考的思路。
- 导入课堂之后,让学生在第67页的"KWL单"的"知道的"一栏里记下他们知道的并认为是这篇文章中的重要内容。
- 给学生时间思考,让他们在"想知道的"一栏里记下他们想通过这篇文章获得答案的问题。
- 提醒学生运用问题建构技巧,提出不同类型的问题,例如事实型、分析型、内含型和预测型问题。
- 让学生阅读文章,在头脑中形成假设和问题。在阅读的同时,指导他们在"学到的"一栏中记下他们学到的东西。
- 阅读完之后,让学生两两组队,比较所学,必要的话,再次在文章中确认信息。
- 全班汇报,讨论新学习的知识以及KWL策略如何帮助他们更好地理解了文章。

科学活动

运用第67页的"KWHLQ单"记录学生在科学活动中的进步。学生用"我怎么找到答案?"一栏记录他们探究的计划,"我现在想到的问题"一栏则用于记录新的问题。

解决问题和做出决定

运用第67页的"KWHLQ单",给予学生在解决问题和做决定的过程中的结构化支持。
- 一起试着用它解决班级问题,如恃强欺弱、故意破坏、乱丢垃圾等行为。
- 证明KWL可以作为促进做出决定的工具,例如购物决定。
- 让学生运用KWHLQ去解决问题,做出例如职业选择等个人决定。

> Q 任务小活动

KWL 小活动(续)

故事书心愿

- 运用第67页的"KWW单"。
- 展示一本封面有插图的书,让学生说说从封面上的图画他们能知道些什么。
- 在"我/我们知道的"一栏中记录学生的回答。
- 依次翻阅书中的插图,让学生说说看通过插图他们又能知道些什么。
- 在读书之前,请学生提出关于本故事的问题,将回答记录在"我/我们想知道的"栏里。
- 读完之后,回顾"我/我们知道的"一栏中曾记录的想法,修正不正确的假设。
- 回顾"我/我们想知道的"一栏中的问题,看看是否找到了答案。
- 让学生思考故事中的事件,思考他们想要如何改编,记录在"我/我们希望的"栏里。

比较事实和小说

在比较事实和小说的时候运用第67页的"KWL单"。

- 阅读小说故事之后,比如说猴子,在"知道的"一栏中记下故事中猴子的特征。
- 讨论作者在小说中为各种动物设定的特征与真实世界中的动物们有哪些不一致的地方,在"想知道的"一栏里,列出感到质疑的动物特征。
- 解释非虚构类书籍的作用以及事实和小说之间的区别,选择同一主题下的非虚构类图书和/或视频片段展示给学生看。
- 在"学到的"一栏里,列出非虚构类资料中猴子的事实性特征,回顾"知道的"一栏中的内容,再次确定和强调出猴子的虚构性特征。学生至此已能够写出虚构类和非虚构类资料中猴子的相同点和不同点。

虚拟KWL共享

在开展小组活动,或全班准备学习某新单元的时候,制作"KWL单"电子数据表(第67页),在文档中插入表单,或运用共享分析的电子数据表,例如,Google Docs/Forms/Spreadsheets,让学生和老师可以用聊天框或发表评论等功能和小组成员间实现共享。

3. 学会提问

KWL单

知道的	想知道的	学到的

KWW单

我/我们知道的	我/我们想知道的	我/我们希望的

KWHLQ单

我知道什么?	我想知道什么?	我怎么找到答案?	我学到了什么?
我现在想到的问题			下一步

KNoWLedge单

我知道什么	我需要知道什么	我在哪里可以找到信息
哪些关键词和短语能够引导我找到我需要的信息?		

怎样利用"问题网图"帮助学生找到焦点问题?

Q任务	任务说明
学生会用头脑风暴绘制关于某个主题的问题网。	在这个例子中,学生会运用在第62页的Q任务中准备好的关于欧洲探险家的背景知识,他们会一起探索并拓展这个主题的宽度和深度,并将这种经验运用到个人探究当中,从而将一个宏大的主题缩小化,聚焦重点。

建立理解

介绍"Q风暴"策略,指导学生如何使用它。

- 在学生熟悉的某个主题上,运用头脑风暴思考问题,例如交通。用交互式白板、投影仪或纸单绘制关于交通的问题网。
- 运用头脑风暴思考关于初始问题的更多问题,记录在原问题的后面,用箭头连接,尽量延长问题链。

你可能需要用各种不同的主题使这个任务具体化,学生可能已经习惯于用头脑风暴的方法练习对于这个主题已经知道些什么,但应当没有习惯于用此方法练习对于这个主题想要知道什么,即能提出哪些问题。

3. 学会提问

Q 提示

此任务还可涉及动手做，让学生在小组中以头脑风暴的形式，在便利贴上记下问题。他们可以在纸上移动粘贴问题来构建问题网。在教室里展示这些问题网集合，展示对于某个主题的大量有趣的问题，并让学生在自己尝试 Q 风暴之前参观问题网集合。

实践练习

☐ 让学生和同样对欧洲探险家主题感兴趣的其他同学组队，用第70页的"问题网"设计问题。

☐ 提醒学生不是用头脑风暴思考他们已经知道的知识，而是思考他们想要知道的知识，并以问题的形式表达。同样地，每一个新的问题需要建立在旧问题之上。

☐ 各小组与全班同学分享问题，让学生回顾第62页的 Q 任务中的速记知识交换卡，运用各小组的问题帮助自己选定关于欧洲探险家这个活动中想要探究的方面，或选定某一位/几位特定的探险家。

☐ 让学生独立完成"问题网"练习单，并选择一些他们感兴趣的问题进行更深入的研究。

Q+：Q 风暴

运用制作网络的工具如 Inspiration 去拓展问题中的问题。

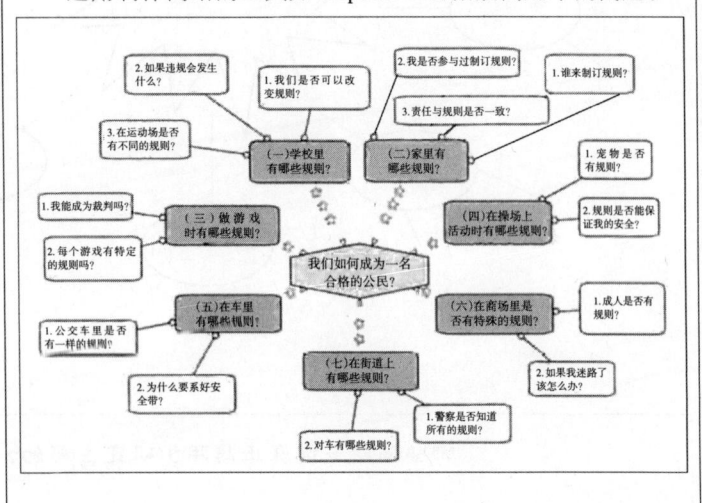

69

问题网

在中间的爆炸图形中写上研究主题,将问题记录在主题周围的椭圆里,在问题的箭头外继续延伸问题,完善主题。

哪些问题是你真正想用于研究主题的?

(摘自凯什兰、兹万,2005)

怎样向学生介绍"问题生成表"?

Q任务 学生会学到"问题生成表"(第73页)的结构	**任务说明** 　　这个任务可以帮助学生学习到问题的结构和模式,经过练习,构建他们自己的问题。"问题生成表"源于1995年威德霍尔德(Wiederhold)的《Q矩阵》的启发,其用途是给予学生问题起始词或提示,帮助他们构建满足特定目的的问题。 **建立理解** 　　在这个例子中,同学们正在学习"离开家"这一主题单元。 • 选择一本图书,展示封面,发起讨论,请学生提问,记录问题。 • 阅读故事的高潮部分,请学生提出更多的问题,并记录。 • 读完故事,温习、讨论记录下来的问题,再一次提出更多的问题,并记录下来。 • 回顾所有的问题,学习不同类型的问题及其功能。 • 从表单上剪下问题,让学生寻找问题中的相似性。 • 由问题起始词:"谁、什么、何时、何地、为什么、怎么样、哪个"引导问题。 • 指导学生观察每个问题的第二个单词"是,将要",等等。 • 对问题进行分类和组织形成矩阵,展示在墙上。讨论哪些问题是易于回答的,其原因是什么;哪些问题是相对比较困难的;哪些问题是不能在故事中直接找到答案但是真正有趣的。

Q 提示	实践练习
· Q 轮盘,运用 Q 矩阵方法提问。让学生可以手动旋转轮盘得到问题提示。观看加拿大萨斯喀彻温省的一名图书管理员老师用 Q 轮盘帮助学生构建探究性问题的视频。 · 运用 Q 矩阵帮助提问的更多优秀商业资料见卡根合作学习。 此 Q 任务取自凯什兰和兹万(2004)的一个任务。	☐ 将学生分组,发给每组一张大的"问题生成表"(第73页),或者让学生自己用一张大纸制作或者用交互式白板展示。 ☐ 指导学生阅览报纸或杂志,寻找问题并剪下来。 ☐ 让学生把发现的问题粘贴在表单上。 ☐ 全班一起汇报和讨论这个任务中的成功之处和遇到的挑战。 **Q+:问题生成表** 用在线电子数据表制作表单(如 Google Spreadsheets),使共同生成问题成为可能。 |	是	做过	能	可以	会	可能
---	---	---	---	---	---	---
谁						
什么		数据收集				
何时				预测/探索		
哪里						
怎么						
为什么		分析合成评估		创造想象发明		
哪一个							 (谷歌和谷歌商标由谷歌有限公司注册,经授权使用)

问题生成表

	是	做过	能	可以	会	可能
谁						
什么						
何时						
何地						
怎么样						
为什么						
哪些						

本任务中，你提出的最好的一个问题是什么？

〔源于威德霍尔德(1995)的启发〕

"问题生成表"如何用于帮助引导研究？

Q任务

学生练习第73页的"问题生成表"表单，构建能引导研究任务的核心问题。

任务说明

学生对于第73页的"问题生成表"已经很熟悉。在这个例子中，全班已经通过在大自然中行走观察、阅览非虚构类图书、观看视频等方式探索了昆虫的世界，他们已经讨论和记录了许多有趣的发现，现在正准备挑选一种感兴趣的昆虫进行个人研究。这项信息——提问技巧贯穿于研究全过程，具有低水平语言习得能力的学生，通过研究找到许多问题的"差不多"的答案即可。

建立理解

准备一张大的"问题生成表"（第73页），指导学生如何用它帮助问题开发。

- 选择一个全班学生已经具备基本背景知识的主题，例如筹备派对或校园活动。
- 在表单上直接记录学生自愿提出的问题，学生会发现并不是所有的提示词都适用于所有的主题，提示学生不要强制性地使问题符合提示词标准。
- 让学生思考哪些问题可以成为好的研究问题，分享和标记这些问题。

3. 学会提问

Q 提示	实践练习
• 低年级的学生可能需要志愿者或学习伙伴帮助他们记录发现的问题和阅读资料寻找问题的答案。搜索记录可以是插图,也可以是由学习伙伴帮忙记下的文字。 • 更有经验的研究者能运用索引卡、折纸或模板来做研究笔记,见 *Building Info Smarts*(凯什兰、兹万,2008)中的"应用组织图"。 • 制作一个主要的"问题生成表"电子数据表,复制给每个班或用于新的学习主题。保存的时候进行重命名。	☐ 确保每一个学生都为自己的个人研究挑选了一种昆虫,分发给每个学生一张"问题生成表",指导学生利用这张表进行问题创作,在表上记录自己的成果。 ☐ 让学生两人一组,分享彼此的问题,选出最好的5个问题进行个人研究。 ☐ 让学生制作一个搜索小册子,让他们设计制作封面,并在每一页上写上指导性问题。 ☐ 学生会通过老师挑选出的适合他们阅读水平的资料来获得问题的答案,他们会在自己的搜索小册子中的对应问题下记录搜索到的信息。 Q+ 　　让结对的学生通过制作电子数据表帮助彼此构建问题,教学生如何添加评论以及回复他人的问题。

> **Q 任务小活动**

运用"问题生成表"

你的学生需要很多能用到"问题生成表"的机会,先让他们进行小组合作练习以互相帮助。在具备许多练习经验之后,他们能独立地运用这项策略,头脑风暴式地提出满足特定需求的问题。"问题生成表"(第73页)和"问题生成框架"(第77页)可以适用于任何年级的学生。运用共享技术工具,如 Google Docs 和 Spreadsheets,让学生能够一起创作问题,保存自己的成果并与他人分享。运用这项提问策略批判性地检查问题和提升理解。

解释图片和图表

作为阅读前的策略,让学生阅读文本中的图表和/或图片,在"问题生成表"或"问题生成框架"的提示下,基于所看到的图表和/或图片,提出问题。阅读之后,让学生回到阅读前记下的问题,试着回答它们。如果存在不能从文本中直接获取答案的问题,让他们制订出可以找到答案的计划。

分析手作物品

提供给每组学生一张照片、信件、海报或其他能够提供人物、地点、事件等一手信息的手作物品。让学生阅读并讨论,运用"问题生成表"或"问题生成框架"中的提示,提出问题。让每个小组分享他们的问题,记录他们的问题中所暴露出的共性问题。这些想法可成为日后探究的人物、地点、事件等的中心内容。

寻找模式和趋势

提供给学生统计数据,如一段时间内的种群衰退,让学生小组合作分析数据,运用"问题生成表"或"问题生成框架",提出基于数据的问题。指导学生和其他小组交换问题,并基于原始数据回答彼此的问题。分享他们基于数据所发现的模式和未来趋势。

教材翻转

记笔记、回答老师的问题、完成教材中的填空练习,这些是学生在课堂上的一贯任务。偶尔翻转一下这个过程:指导学生阅读教科书,提出发人深省的问题,挑选其中的好问题进行全班分享,记录并作为理解课堂内容的例证。

问题生成框架

谁
是，做
应该，可能
应该，将会

什么
是，做
应该，可能
应该，将会

何时
是，做
应该，可能
应该，将会

何地
是，做
应该，可能
应该，将会

为什么 是，做 应该，可能 应该，将会	

怎么样 是，做 应该，可能 应该，将会	

哪些 是，做 应该，可能 应该，将会	

评价量规如何帮助学生提出更好的研究问题？

Q 任务
学生会运用评价量规来引导探究性问题的设计。

任务说明

在这个例子中，学生正准备进行关于安全饮用水的研究。教师会指导学生体验一些探索性的活动。学生会用评价量规来引导自己创设探究性问题。

建立理解

- 通过列出人类生存的必需品来导入这个任务。讨论如果缺失这些必需品人类会怎么样。
- 用一段关于安全饮用水的视频作为讨论的基础，让学生用第80页的"RVL关联"表单记录下他们在观看视频的过程中产生的想法，分享学生的想法。
- 收集关于水问题的新闻或选段资料，例如世界某地的饮用水不安全或饮用水缺乏、洪水或其他自然灾害对水资源的影响、受污染的水，等等。给学生分组，然后给每组学生提供相同的文章，让学生阅读并标记出他们感兴趣的段落。
- 让学生在读完后独立记录问题，再和组员分享，每组编辑出一系列不错的探究问题，并与全班分享，展示问题表单。

实践练习

☐ 介绍第81页的"你的研究问题"评价量表，选择一些问题，和学生一起用评价量表中的标准评价问题，讨论如何使它们变成更好的探究问题。

☐ 让学生开发他们自己的探究性问题，然后和同学们协商讨论，按评价量表标准将每一个问题变得更有价值。

Q+

- 给学生介绍共享式笔记记录工具，例如 Evernote，让他们能共享研究笔记和问题。辅导学生连接上校园网站，比如墨尔本高中图书馆。
- 高年级的学生能够自己制订评价量表来评价探究性问题的有效性，全班应统一主要的评价标准，例如探究水平、普遍兴趣、批判性思考和主题重心。让学生小组合作开发各个成功水平的指示器。评价量表可以合作制订（例如用谷歌里的表单或电子数据表），或者可以选择一种免费的评价量表制作工具，如 Rubistar。

Q 提示

你的学生如果对某一学习主题只具备极其有限的知识，他可能提不出多少问题。教育视频是激发学生对学习主题的兴趣以及提供必要的背景知识的媒介。视频可以给学生带来新领域的替代性经验。

3. 学会提问

79

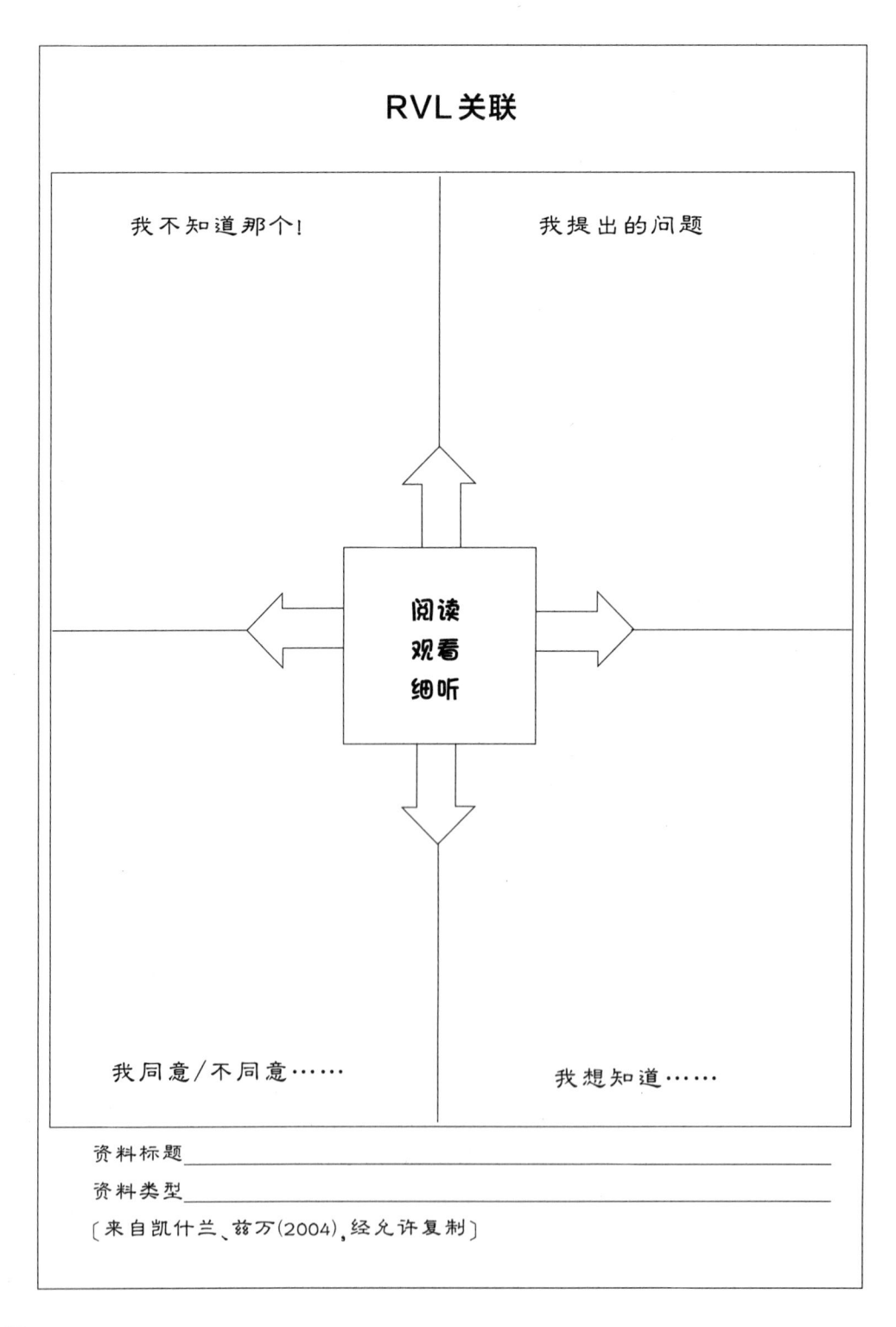

RVL关联

我不知道那个！　　　　　　　　我提出的问题

阅读
观看
细听

我同意/不同意……　　　　　　我想知道……

资料标题＿＿＿＿＿＿＿＿＿＿＿＿＿＿＿＿＿＿＿＿＿＿＿＿

资料类型＿＿＿＿＿＿＿＿＿＿＿＿＿＿＿＿＿＿＿＿＿＿＿＿

〔来自凯什兰、菇万(2004)，经允许复制〕

你的研究问题

等级＼标准	焦点	兴趣	知识	过程
你的研究问题	你的问题是否有助于你关注研究焦点？	你对问题是否感到兴奋？	你的问题是否有助于你学习知识？	你的问题是否有助于你更好地理解主题？
等级4	·关注到一个特定的探究目标，考虑到所有的相关方面	·能促进更长远的探究，激发更多的问题	·唤起个人行动或促进应用和传播	·需要独立分析、综合和应用信息
等级3	·关注到一个特定的探究目标，探索了许多方面	·激发好奇心和热情	·指导个人反思和观点	·需要基于标准的综合比较
等级2	·易于控制的，包含有限的探索可能性	·激发个人兴趣	·需要收集事实和观点	·需要对数据进行分类
等级1	·宽泛而不易控制的，或狭隘的、小范围的	·包含极少的个人兴趣	·需要罗列一个单词的答案	·只需要收集数据
评论和目标：				

学生怎样缩小范围、聚焦问题？

Q 任务	任务说明
学生会通过运用起始词和中心词来提升探究性问题的价值。	在这个例子中，学生已经进入了自然灾害这个主题的学习，他们已经通过故事、歌曲、视频、书籍、报纸文章、图片和网站探索了自然灾害的知识，正准备提出探究性问题。

建立理解

一个好的研究问题：
- ☐ 激发你的好奇心
- ☐ 引导你的研究探索
- ☐ 鼓励你更深层次地搜寻信息
- ☐ 挑战你去思考你的发现成果
- ☐ 提示你去分析你的发现成果
- ☐ 帮助你实现个人意义
- ☐ 让你保持专注
- ☐ 激发你的想象力

- 回顾问题起始词：谁、什么、何时、何地、为什么和怎么样。回顾目标性陈述的起始词：发现、调查和比较。
- 介绍极富价值的问题的几大要素（见旁栏）。
- 给学生介绍可以帮助他们开发重点突出的探究性问题的"升值"单词，见第83页的"提升探究问题的价值"表单。
- 强调问题起始词和中心词，基于前面提到的要素，讨论这些问题成为极富研究价值的问题的可能性。学生应当能够发现中心词能有助于定义问题，而"怎么样"和"为什么"总是能够引导有价值的问题。

实践练习

运用第83页的"提升探究问题的价值"表单，让每个同学自己提出一个或多个探究性问题。

Q 提示

- 探究活动关键性的第一步的更多信息，见 *Building Info Smarts* 中的"开始"（凯什兰、兹万，2008）
- 你能从 *Library Learning Commons Waterloo Region DSB* 中得到支持。

Q+

让学生通过共享式工具用"升值"单词创设探究性问题，如用谷歌文档，同伴和老师可以添加评论、提出建议。

提升探究问题的价值

问题起始词		问题中心			寻找关联	
谁	发现	改变	类型	种类	意义	比较
什么	调查	工作	角色	重要性	结果	对比
何时	比较	目的	结构	特征	计划	原因
何地	揭示	价值	生活方式	关系	含义	结果
为什么	确定	功能	防卫	适应	联系	价值
怎么样	检查	能力	生存	条件	关联	分析
哪些	学习	意图	结果	推断	模式	
……	研究		结论	暗示	趋势	

用此核对单检查你的探究问题：

☐ 激发你的好奇心

☐ 鼓励你更深层次地搜寻信息

☐ 挑战你去思考你的发现成果

☐ 促使你去分析你的发现成果

☐ 引导你的研究探索

☐ 让你保持专注

☐ 激发你的想象力

☐ 帮助你实现个人意义

在你的问题中用到一个或多个中心词或关联词来提升其研究价值，头脑风暴式地提出问题，在这里记录你最好的问题。

用上面的核对单检查你的问题，在这里记录你的探究问题。
在正式开始探究之前，与你的老师和图书管理员老师协商讨论。

Q 任务小活动

强化 Q 卡片

通过信息的动觉和视觉化体验,能加强思考和巩固记忆,为你的学生把开发有效研究问题转化为手脑并用的活动吧。

制作一副强化 Q 卡片

看到第 83 页的"提升探究问题的价值"表单,为每一个"强化"的单词制作一张卡片,在卡纸上手写单词,或在名片卡纸上打印出来。每一张卡纸上只印一个单词。有条件的话,用不同的颜色表示其类别。例如,绿色表示问题起始词,蓝色表示中心词,橘色表示关联词。

使用强化 Q 卡片

- 示范操作过程。
- 基于学习主题,有目的性地提前选好卡片。

> 如果学生正在学习人体解剖,你可能要给他们提供包含下列单词的卡片:
> **问题起始词**:怎么样、什么、发现、调查
> **中心词**:功能、生存、防卫、角色、目的、结构
> **关联词**:结果、意义、功能、原因、比较

- 让学生小组合作,用强化 Q 卡片帮助他们创作有价值的研究问题。指导学生使用 Q 卡片,练习不同的组合方式,拓展提出优质研究问题的思路。
- 学生应记录下他们提出的好问题。

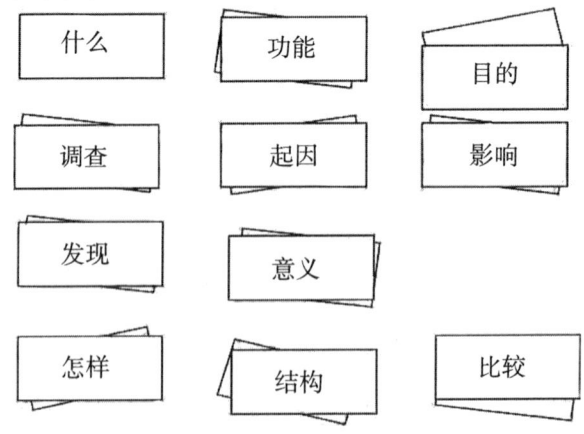

什么	功能	目的
调查	起因	影响
发现	意义	
怎样	结构	比较

怎样帮助学生形成目的性陈述?

Q 任务
学生会明白专注于问题或带有目的性的陈述,可以引导探究活动。

任务说明

探究活动并不一定要由带有问号的正式问题来引导,一句带有目的性的陈述同样可以作为探究任务的合理引导。在这个任务中,布鲁姆分类学的组织化结构能帮助学生意识到他们提出的问题或目的性陈述催生的思考类型。尽管布鲁姆分类学从传统上来讲是针对教师对学生提出的问题和任务,但它同样可以作为和学生讨论思维水平的可理解的结构。高水平的探究在当今充斥着丰富信息的学习环境下,不仅是可能的,也是我们需要的。

建立理解

- 介绍布鲁姆分类学的结构,告诉学生其一贯的重要性,以及在20世纪50年代中期是怎样对教育领域产生了重大影响的。
- 阅读一则受欢迎的故事,给你的学生朗读小说,或选择一篇和当下学习主题相关的发人深省的文章。
- 提出一系列问题范例和中心陈述,要求学生在朗读资料的时候运用它们。确保布鲁姆分类学的每一个层级都有所涉及,确保学生能够明白什么是带有目的性的陈述(例如,发现沼泽栖息地中青蛙的作用)。

Q 提示	思考的类型
展示布鲁姆海报,让学生对术语和认知目的更加熟悉。 • 一个适用于学生的简化的布鲁姆分类学海报。 • 布鲁姆分类学动词修订版。	创造:产生新的想法,实现个人意义,创造新事物 评价:做出或证明判断和决定 分析:将信息拆分开,寻找关联 应用:在新情境下运用事实、规则和原则 理解:赋予事实、想法和关键概念以意义 记忆:识别和回忆信息
	• 讨论每一个问题或中心陈述能够催生的思考类型,让学生想出更多的问题或中心陈述。 **实践练习** 　　给学生提供第87页的"拓展你的思考问题"单。 ☐ 将学生分组,给每个组符合他们兴趣和阅读水平的一本图书或一篇文章,指导学生阅读和讨论这本书,用第87页的"拓展你的思考问题"单,创作分别对应于布鲁姆分类学各层级的问题或任务型陈述。 ☐ 让各小组交换图书和问题,评价每一个问题和任务型陈述是否切合布鲁姆分类学,讨论不相符合的地方和任何学生在此过程中遇到的困难。

拓展你的思考问题

创造	当你准备开始正式地构建、设计、创造、发明等时，用这些动词：发明、制作、解决、开发、构建、设计、计划、产生、创作
评价	当你想要提出一个论点、陈述一个立场、申辩一个想法、阐明你的论据、使人信服或提出可靠的证据来支持你的结论时，用这些动词：建议、测试、优先、评价、证明、辩护、批评、核查、假设、推断、质疑、判断
分析	当你面对大量的信息、相悖的观点、不同的观点，以及不同的人告诉你基于他自己的理由和目的的东西的时候，用这些动词：比较、分类、对比、排序、组织、拆解、区分、关联、结构、解释、调查
应用	当你在新的情境下运用事实、规则和原理或用其解决问题，甚至是证明你所知道的和能做的时，用这些动词：暗示、准备、计算、模仿、执行、解决、运用、操作
理解	当你在调查未知的想法，试着去了解背景知识时，从而引导深层次的理解的时候，用这些动词：关联、解释、总结、概述、推断、解释、释义、设想
记忆	当你在为考试而学习或试着回忆之前学过的知识时，用这些动词：罗列、讲出、描述、陈述、识别、标注、确认、背诵、检索、命名

> **Q 任务小活动**

布鲁姆式问题

尽管布鲁姆本意是想勾勒出认知从低水平思考到高阶批判性和创造性思考的发展过程,但如今的教学实践已经重组了这一方法。教育者发现借鉴沙箱型实验和创客运动以及运用各种技术工具对媒体和信息进行创造性操作的好处,用学生已经知道的知识来提升他们的思维水平是非常重要的。在很多情况下,我们可以借由布鲁姆分类学,从创造与学生直接相关的新事物开始,使学习变得更加高效。

创造带来发展

让学生以问问题开始体验设计型任务,有助于他们创造新事物,然后继续提出问题以评价他们的成果,从布鲁姆结构来看,他们因为经历了自主学习而能理解和记忆知识。比如,学生编写了一本小说的预告书,因为他们已经读过这本小说并以此参加了学校图书馆辩论赛。为了准备编写这本预告书(见第143页的标准),他们需要知道怎样发言以及需要哪些内容才能吸引读者,然后他们可以提出问题来评价自己和他人的作品。

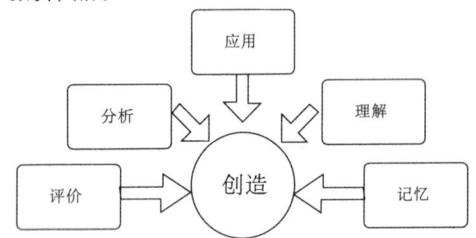

文学和探究圈

当学生在文学和/或探究圈中担当提问的角色时,鼓励他们提出对应不同的布鲁姆思考层级的问题。

协作构建知识

运用协作共享技术和社交网络来设计任务,使学生能基于他人提出的问题并结合布鲁姆思考层级提出问题。例如,让学生提出好的分析型问题,来解析目标受众是儿童的那些广告。

学生充当老师

请学生制订出用于研究、复习和测试一个学习主题的问题,鼓励学生在制订问题的过程中运用布鲁姆式各层级和共享式技术工具去展示、检阅和确定此任务中的最佳问题。

学生怎样获得正确的问题？

Q 任务 学生会提出有效的探究问题。	**任务说明** 　　有效的探究问题或目的性陈述可以使学生感受到研究本身是激动人心和有意义的。其目的是结束收集和重复信息的趋势，开始实施研究计划，对学习者的学习具有个人相关性，对读者来说也很有意义。教你的学生开发好的探究问题，而不是一味地抄袭照搬。 **建立理解** 　　告诉学生你将如何运用探究性问题帮助你完成某项任务，例如为专业期刊写文章、策划派对或购买一辆新车。 　• 你真正感兴趣的是什么？ 　• 你为什么想要探索这个主题？ 　• 你已经知道了什么？ 　• 你需要/想要寻找到什么？ 　• 你将怎样处理你收集到的数据？ 　• 你的读者会是哪些？ 　• 你希望你的读者如何理解你的研究？ 　• 你会如何分享你的新收获？ **实践练习** ☐ 学生需要足够的练习、策略以及工具去帮助他们开发有效的研究问题。提供给学生许多的计划，让他们练习不同的构建问题的策略和工具。 ☐ 看到下面提供的表单："问题拓展"（第90页）、"确立研究重点"（第91页）、"关注我的探究"（第92页）以及"改善你的探究问题"（第93页）。 ☐ 当学生已经聚焦到研究重点并想到了许多问题，即向学生介绍"探究问题契约"（第94~95页），让学生完成契约，改善他们的探究问题或目的性陈述。 ☐ 和学生协商讨论，确定他们准备实施研究的问题。学生在研究的时候可能会发现他们需要调整研究的重点和/或问题。 **Q+** 　　给学生足够的机会去练习创作问题，重新将第90~93页的表单改编成电子形式，就可以实现不同组学生对同一文档的共享，例如谷歌文档。当学生有了他们自己的探究问题时，他们才算是真正地参与到学习当中。
Q 提示 创作探究性问题的更多探索，见Booth(2003)并参阅"问题标记"，麦肯瑞的以提问为主要内容的在线期刊。	

89

问题拓展

表面问题

	是	做了
谁		
什么		
何时		
何地		

深层次问题

	能	将会
谁		
什么		
何时		
何地		

挖掘更深层次的问题

	将要	可能
谁		
什么		
何时		
何地		

形成理解的问题

	是	曾做	能	将会	将要	可能
怎么样						
为什么						

3. 学会提问

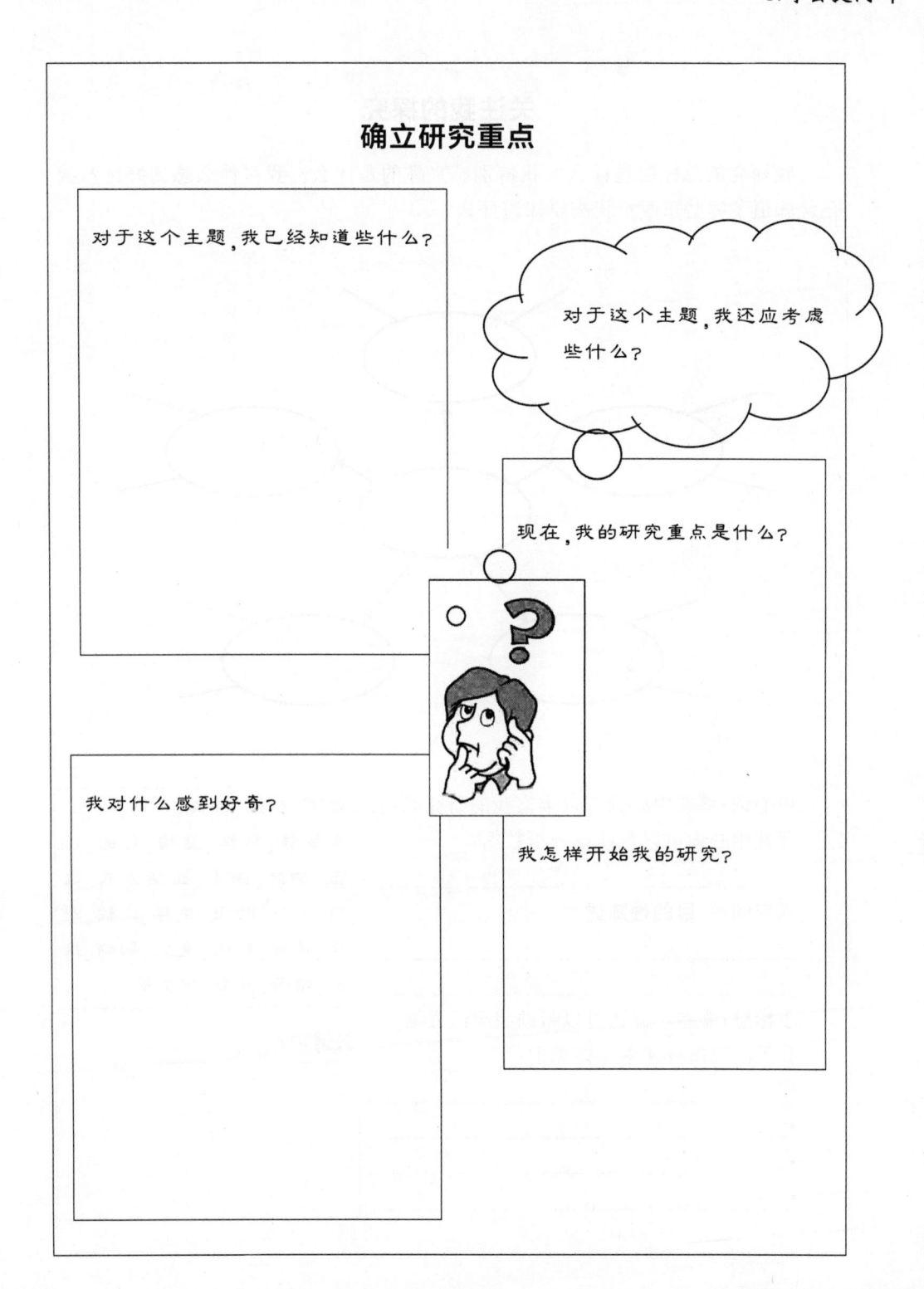

确立研究重点

对于这个主题,我已经知道些什么?

对于这个主题,我还应考虑些什么?

现在,我的研究重点是什么?

我对什么感到好奇?

我怎样开始我的研究?

关注我的探究

我探究的总标题是什么？我特别感兴趣的是什么？我对什么感到好奇？我已经知道了哪些东西？我需要知道什么？

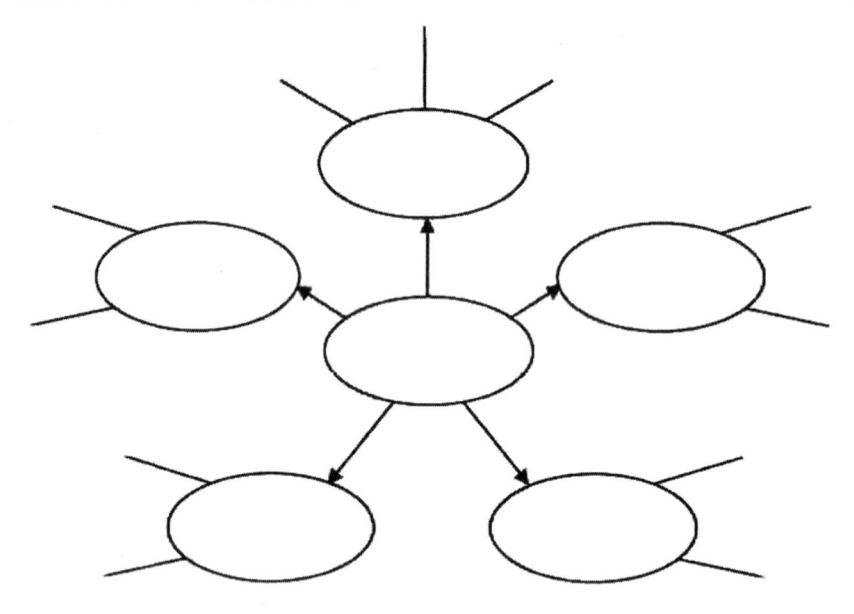

中心词：哪些中心词可以丰富我的研究问题？哪些中心词可以帮助我分析数据？

_____

探究问题/目的性陈述

_____

小标题：哪些小标题可以帮助我组织数据？我预测我需要探索这些类别：

- _____
- _____
- _____
- _____

改变、类型、种类、工作、角色、重要性、特性、结构、目的、价值、功能、关系、生活方式、适应、条件、防卫、生存、比较、对比、原因、结果、意义、影响、推断、暗示、计划、分析等。

关键词：

改善你的探究问题

你目前的研究问题：
_____

评定量表	几乎没有				很好
激发你的好奇心	1	2	3	4	5
鼓励你更深层次地搜寻信息	1	2	3	4	5
挑战你去思考你的发现成果	1	2	3	4	5
促使你去分析你的发现成果	1	2	3	4	5
使你的研究更专注	1	2	3	4	5
使你坚持探究	1	2	3	4	5
激发你的想象力	1	2	3	4	5
帮助你实现个人意义	1	2	3	4	5

你能改善你的问题吗？

- 思考这个主题下的重要概念、值得一提的观点、你目前的假设、你希望达到的目的。
- 与你的朋友和老师协商讨论。
- 试着重新修改你的问题，使它变得更有价值。

探究问题契约

构建探究问题时请考虑以下指导问题：
- 你真正感兴趣的是什么？
- 你为什么想要研究这个主题？
- 你已经知道些什么？
- 你需要/想要寻找到什么？
- 你会怎样处理你获得的数据？
- 你的读者会是哪些？
- 你希望读者理解你研究的哪些内容？
- 你会怎样分享你获得的新知识？

在你准备改善你的探究重心的时候，请完成这些陈述：

我/我们大的主题是：
_____
_____

我/我们特别感兴趣的是：
_____
_____
_____

因为我/我们想得到：
_____
_____
_____
_____

我/我们希望其他人（知道、理解、学到、尝试、创造、制作等）：
_____
_____
_____
_____

我/我们会通过这些方式分享我们所学到的东西：
_____
_____
_____

探究问题契约(续)

我/我们的探究性问题或目的性陈述是:
_____
_____
_____

我/我们明白这个计划可以通过以下方式测评:
_____
_____
_____

为了获得成功,我/我们需要:

☐

☐

☐

☐

学生签名_____ 日期_____
老师签名_____ 日期_____

怎样帮助学生从问题过渡到论点陈述?

Q任务
学生会运用他们的引导性研究问题和老师给的提示来确立论点。

任务说明
　　论点代表着对一个主题的理解已经达到很高的水平。在研究者从业余到专业的发展过程中,他们会越来越擅长运用这种综合技巧。在学生发展水平足够的时候,一般是在二年级,老师会要求他们围绕个人论点写作文,但提出论点同样也是发表任何陈述的过程中的必要环节,需要学生综合分析研究的结果,表达和论证个人理解。在这个Q任务中,学生已经对主题有所探索,提出了探究性问题来引导研究进程,确定了适宜的资源,并开始收集和组织数据。这时候,就应当向他们介绍确立论点的技巧。

建立理解
　　准备一篇范文,边读边思考,解构文章,标记出主题句,解释说明主题句一般出现在第一自然段的末尾。
- 寻找文章中作者用于支持论点的证据。指出用于连接不同观点的过渡词,区分提到的证据的不同类型。例如,讨论作者如何有效地将论点拆分开,提出改善这篇文章的建议。
- 将学生分组,给每组提供一篇范文让他们分析。在教室里来回走动,给学生提供必要的帮助。让每组学生分享文中的主题句,并说明作者是怎样论证自己的论点的。
- 讨论一个有效的论点的要素有哪些,记录学生的回答。例如,精练的、可论证的、由有效证据支撑的、本源思想等。告诉学生论点不应是随意的,而应能吸引读者的注意并引起他们的兴趣。

实践练习
- □ 将第97页的"确立论点的导图"单分发给学生,他们将运用这张表单,实现从研究问题到论点的过渡。指导学生记录新想到的问题,以及他们在此过程中的任何新发现。
- □ 回顾问题提示,提醒学生形象的表单——概念图、流程图、维恩图解等,是帮助他们分析数据和寻找联系的绝佳工具。
- □ 在学生确立论点之后,与他们协商讨论。
- □ 在学生改善论点并准备撰写文章或进行多媒体展示时,再次与他们协商讨论。

Q提示
在这些网站中寻找论点的范例,帮助学生更独立地撰写文章。
- 普杜大学 Writing Lab and Owl。
- 写作研究中心。

Q+
　　现在学生已经知道什么是有效的论点,以及如何提出有效的论点。让学生小组合作准备一段非常简短的创意性演讲,将它发表到学校图书馆网站上,让每个需要快速提示的同学都能看到。

确立论点的导图

你需要围绕你的论点开展研究,你的研究问题将始终引导你,在你收集到更丰富的信息之后,你可能会发现越来越多的问题,这个表单为你提供了流程和提示,在你确立论点的过程中帮助你记录有价值的想法和问题。

探究问题	
新问题	反思与联系
问题提示 你是否已经考虑到所有相关的角度? 你是否发现了相矛盾的信息? 你能发现联系和模式吗? 你发现了哪些相似性和不同点? 有哪些惊喜和困扰?	你得到了什么结论? 你是否形成了某种观点? 你有什么证据支持你的观点? 你需要更多的证据来确保你的立场吗? 你的研究的重要之处在哪里? 谁需要知道它?为什么?
可能的论点 我相信/建议/总结/争辩……	
论点检查要点 ☐ 可论证的,受证据支持的 ☐ 可信的或经得起考验的 ☐ 具体的和有效的 ☐ 你的整合性 ☐ 原创性思维 ☐ 挑衅的或独特的	测验你的论点 和……讨论 ☐ 同学 ☐ 老师 ☐ 图书管理员 ☐ 父母 ☐ 专家
继续研究并改善你的论点	

4. 问以治学

好问题如何助力学习？

提问可以成为学生有效的学习手段。老师创设的问题可以像脚手架一样，使学生亲身经历丰富的学习体验。当学生自己成为内行的提问者，能够独立提出有针对性的问题时，提问对学习的积极作用便能从学生取得的成就中显现出来。他们将能培养起更好的理解力，懂得解读媒体，洞察探究，形成个人见解，明察关系，建立联系，得出结论——他们将能够并擅长于高阶思维。

科技的影响让教育者们重新审视素养一词的含义，并将其定义拓展到包括信息素养（信息处理能力）、视觉素养（视频信息处理能力）及数字技术素养（电子信息处理能力）的范畴。学生想要在网络世界游刃有余，就需要磨炼提升其批判性思辨能力和创造力。有效的提问技能有助于达成此目标。

通过提问进行学习的学生亦会获得自身智力的增长。他们知道如何运用提问技能进行信息分类、分析数据、阅读文学、理解艺术、解决问题、做出决定、采取行动、自我分析及设置目标。提问将会成为他们最有用的信息处理工具。

大多数学生提问的技能是需要通过教师传授与学习获得的，同时还需要大量的实践练习才能独立运用。本章我们收录了一些任务活动，将其作为第三部分"学会提问"所介绍的方式方法的实际运用。

> 确保学生原创思维的最佳方法，就是让其通过提出探究性问题找到自己的关注点。

- 教师的问题引导如何能提高艺术课的实验性?
- 提问如何帮助学生理解视觉图像?
- 如何利用提问对视觉文本进行批判性分析?
- 如何帮助学生分清不同视角和理解不同观点?
- 提问如何帮助学生形成个人观点?
- 如何运用提问来解读网络信息?(分别针对低年级及高年级学生)
- Q任务小活动:在网络上提问
- 提问如何帮助学生正确看待霸凌行为?
- 提问如何帮助学生成为好网民?
- 提问对理解有何作用?
- 提问在验证想法和理论时有何作用?
- 记者如何提出采访问题?
- 学生如何设计有效的采访问题?
- 学生如何准备向专家提问?
- 小学生如何设置调查问题?
- 如何运用提问进行比较?
- 学生如何确立比较的标准?
- 提问在理解方面扮演着怎样的角色?
- 学生如何利用FAQAs方法展示或分享知识?
- 同学互相提问如何提高写作的创作力?
- 如何运用朗读策略?

> 一旦学会如何提问,你就学会了如何学习,再没人能阻止你去学你所想所需的一切。
> ——珀斯特曼(Postman)与魏恩加特纳(Weingartner),《颠覆教学》

4. 问以治学

教师的问题引导如何能提高艺术课的实验性？

Q 任务
学生将会发现，教师引导的问题如何帮助他们通过做实验学会用剪刀剪线条。

任务说明

　　此例中，学生将进行艺术线条的学习，并要求在学习将剪刀用作艺术工具有效使用时能应用所学的知识。他们将认识线条的特点及变化。

建立理解

- 请学生列出他们能想到的各种线条，并认出他们能创作的各种线条种类，列出各种类型的线条：直线、曲线、对角线、弧线、螺旋线、细线、粗线、拆线等。请板书在黑板上。
- 问学生如何用剪刀剪出各种类型的线条：

> - 如何用剪刀剪出这些线条？
> - 如何剪出一个完美的光滑曲线？
> - 如何剪出一个完美的锯齿线？
> - 最好怎样移动剪刀？
> - 最好怎样移动纸张？
> - 大家能做出多少种组合？

- 让学生仔细观察印刷字体，并剪下各种不同的线条。
- 在黑板上继续板书出学生刚刚发现的线条种类和组合。
- 讨论引导问题是如何帮助学生学会用剪刀剪出线条的。

Q 提示：
把学生分组，向他们展示有各种线条的工艺品。让学生找出各种不同类型的线条，讨论不同线条所引发的不同情感。让他们运用此书的任一提问策略，提出关于艺术的问题。

实践活动

　　思考艺术作品中线条是如何表达感情的。提出挑战问题：

- 你们是如何在同一张纸上剪出各种线条的？试一试。
- 用上各种线条制作一个抽象的立体艺术作品，并贴在另一张作为背景的纸上，这些线条让你想到了什么？你为它取什么名字呢？

Q+

　　教师先准备一系列指导性问题，操作最熟练的电子绘画工具画出各种线条，让学生感知并画出各种线条。学生们需要自己动手，再使用一些免费的绘画工具，比如 Twiddla。把学生作品打印张贴出来，并附上旁注：学生关于线条艺术的困惑和他们使用的绘画操作程序。

101

提问如何帮助学生理解视觉图像？

Q 任务 学生通过问题和提问来理解图片和说明。	**任务说明** 　　本案例中，学生将探索思考旧时的儿童生活情景。在19世纪，只有富裕家庭的儿童能接受教育。大多数的普通儿童，即使年龄还小，也都要工作：在家里、田地里、矿场里，甚至工厂里工作。 　　教师搜集拍摄于19世纪晚期和20世纪早期的纪录照片，即那时的儿童正在做各种工作的档案照片。你们可以用老相册的形式展示这些打印或借用的照片，或者从互联网档案网站上搜集资料，并收藏相关网址。 **建立理解** • 播放一段关于童工的视频，引入话题。提出引导性问题——在19世纪末期和20世纪初期，童工的生活是怎样的？展示准备好的图片。列出提示问题引导学生看图。 　提示问题： 　• 这个场景位于哪里？ 　• 此刻，他们正在干什么？ 　• 此刻前，可能发生了什么？ 　• 接下来可能发生什么？ 　• 你看到图中有哪些人？ 　• 还有哪些不在场的当事人？为什么？ 　• 这张图让你想到了什么？ • 让学生浏览所有的照片，并从中选择一张最感兴趣的照片。邀请学生步入场景，假设自己在此地此境。问他们看到了什么，听到了什么，闻到了什么。 • 学生需填写第103页的"走进/观察/走出"表格，记录下自己的发现，并向照片中的儿童提问。 • 让学生到学校图书馆去查阅资料，找出关于那个时期的儿童工作、生活的情况，资料越具体越好。 **实践活动** 　　学生停止对照片的情境幻想，回到现实，用查到的资料和图片去再现那时儿童的生活，用日志记录下他们一天或数天的生活。 　　学生可以举办一个博物馆似的展览，陈列出照片、日记条目，还可以陈列一些生活品，比如衣物、扣子、丝带或硬币。 **Q+** 　　补充更多的相关知识：把电子照片保存成文件，比如用谷歌文件软件，或者用第103页的提示问题表格，进行小组讨论。使用音频软件 Voice Thread 增加语音问答，或在维基网站上建立网页，就此话题的照片和视频进行分析和存档。
Q 提示： 参考《我能为孩子做些什么？五十种把教学变成学习的方法》一书（著于2004年，Kathleen Gould Lundy）。这项任务是参照勒希尔、凯什兰、兹万（2005年）的方法。	

走进/观察/走出

通过想象,进入你所选中的照片/图片里,观察并介绍你的周围环境。

你看到了什么?	听到了什么声音?	闻到了什么味道?

列出你对此地的所有疑问。

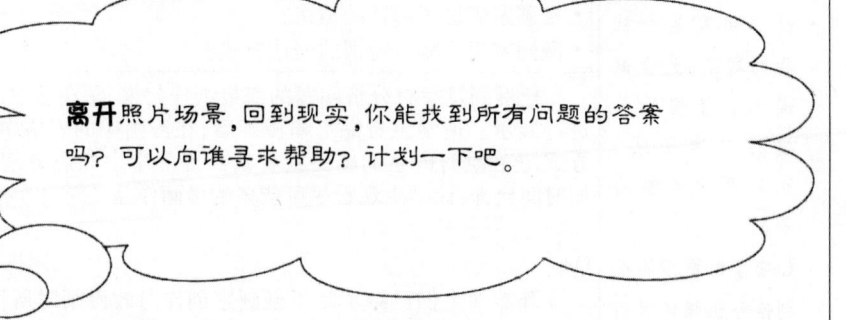

离开照片场景,回到现实,你能找到所有问题的答案吗?可以向谁寻求帮助?计划一下吧。

[引用自勒希尔、凯什兰、舒万(2005),已授权使用]

如何利用提问对视觉文本进行批判性分析？

Q 任务	任务说明
学生通过有策略的提问来分析社评漫画。	本案例中，全班已经学习了一些争议性话题，聚焦于如何从掺杂了讽刺、宣传、主观看法和错误消息的信息中筛选事实。这时学生已经了解了事件的背景信息，将开始思考漫画评论者的立场观点。

建立理解

- 就学生熟悉的某个社会事件，搜集从各个角度和各个方面分析的大量社评漫画。
- 教师从中挑选出一个话题，投影到屏幕上让学生观看。注意观察和倾听学生的各种观点。要知道班上会有不同的观点与视角，因而学生的反应也不尽相同。教导学生既要尊重彼此的差异，又要敢于坚持自我。
- 让那些回答出彩的学生阐述自己的观点及其缘由。制作一张表格，记录下大家的观点以及理由，让其他学生也分享他们的观点，将其填入表格里。
- 综合表格中的这些信息，列出问题清单，指引学生分析社评漫画。

> **分析社评漫画**
> - 这幅漫画表达了谁的观点？
> - 这幅漫画将影响谁？
> - 忽略了谁的观点？
> - 这些因素如何对你的观点产生影响？
> - 从这幅漫画中，你能推断出什么？
> - 你的感受如何？为什么？
> - 其他人的感受是什么？为什么？
> - 漫画家是如何运用夸张手法的？
> - 漫画家表达了怎样的情绪？
> - 漫画家用了哪些特别的表达方式？

把漫画及写有分析问题的海报纸挂起来，贴在教室四周的墙上进行展示。请学生看完每幅漫画后，在漫画旁的表格中，用涂鸦的方式写下他们自己的感受或看法。提醒学生先思考清楚再下笔。如时间允许，让学生观看尽可能多的漫画作品。

Q 提示

- 动手研究某个社会问题前，先尝试提问。学习后再进行一次提问。比较两次回答的不同。
- 如需了解更多的批判性分析媒体材料的策略，请访问智能媒体网站。

Q+

既然学生们已经了解了漫画家创作时政漫画时所用的技艺技能，现在请他们用免费的连环漫画工具，比如 Write Comics 或 Bitstrips 等工具，自己创作连环漫画。

4. 问以治学

如何帮助学生分清不同视角和理解不同观点？

Q 任务
学生将学习如何运用问题策略来辨别和理解别人的观点。
	任务说明
	通常，学生需要就相关资料的讨论问题发表意见。每个人都有自己的想法，但这些想法真的正确吗？想法有没有实事求是？学生需要明白他们的想法在多大程度上是受到已知信息量和可信度的影响，又在多大程度上受制于自己的理解力。为了让学生能独立思考，我们必须给他们机会自发地提出关键的问题。我们必须把提问权交还给学生。在此任务中，学生在教师引导下自己提问，并在观看视频前后，各发表一次对此话题的看法。然后，比较两次答案的不同，判断新信息对他们观念产生的影响。
	
	建立理解
	• 明确事实、观点和宣传的概念，提出将讨论的话题。
	• 播放几个新闻短片，或者就选定的话题，在互联网上搜索最新的媒体报道。
	• 以小组形式，学生汇总出此话题的最新动态。
	• 数小组合并成大组，分享和挑选信息。
	• 学生再次分散成小组形式，组员们一起回答提问：
	  • 确认新闻的当事人
	  • 确认讨论话题的效度
	  • 找出其中的事实、观点和宣传
	  • 预测决定可能带来的后果
	  • 找出受益者和受害者
	  • 确认对此话题的客观观点
	  • 带着精心挑选的指导性问题观看第一遍视频。

Q 提示
为学生提供众多与内容相关、基于问题的不同观点的文章和视频，让学生合作，一起找出其中心思想、破题视角和影响因素。现在，让学生一起练习：模拟采访问答。
	• 观看指定视频，给学生时间完成以上问题。
	• 分发第106页的"众说纷纭"表格，并阐述如何运用这个"事实和角度"模板。再次观看视频，让学生仔细记录下他们的发现结果。注意：有些学生或者全班学生可能需要再次观看视频或暂停式播放。协助全班同学自行讨论，得出发现结果。
	
	实践活动
	    既然学生获得了新信息，让他们再次回答播放前的那些相同问题，让他们比较观看视频前后两次答案的不同，并指出不同之处以及理由。让学生们彼此对照答案，并用表格列出这些变化之处，然后讨论什么原因导致了观点的变化，或为什么有些观点保持不变。
	
	Q+
	    运用像谷歌电子文档这样的在线协作网站记录问题集合（参考第69页）比纸质文档更高效。因为可以用投影仪或互动式白板展示提问，并对观看视频的后续活动资料进行存档。

众说纷纭

需要研究的事实是什么？	有哪些不同观点？
	相关人 观点 你会问他哪些问题？
	相关人 观点 你会问他哪些问题？
	相关人 观点 你会问他哪些问题？
	所以呢，现在我的观点是什么？

提问如何帮助学生形成个人观点？

Q 任务 学生会学到如何形成个人观点。	**任务说明** 　　形成自己的观点是一个信息处理的过程。学生需明白形成有见地的观点是基于对问题的全面调研,再加以批判性的思考及周全考虑。 **建立理解** 　　学生已经对研究问题有了深入的了解,现在准备写一篇评论报告。 • 教师可以为他们提供以下表格里的类似问题来促进学生思考,帮助其形成自己的观点。 > • 现在辩论的主题或问题是什么？ > • 需要着重考虑的观点是什么？ > • 参与者的论证过程是怎样的？ > • 你有没有发现论证前后的矛盾之处？ > • 这些前后矛盾之处的事实真相是什么？ > • 你对这些事实的反应是什么？你为什么会这样认为？
Q 提示 • 此教学观念来自于"教你表态的模板"凯什兰、兹万（2005年）。 • 学生有大量的机会练习形成自己的观点和立场,这样的过程能培养起直觉。选用与学生息息相关的真实话题。调动大家的积极性,学生先选择自己的立场,然后全班分为两派,每一派都要证明自己这方的观点才是正确的,并且需要坚定地捍卫自己的观点。	• 分发"选择立场"信息表格（参照第108页）,让学生思考这些问题的答案,指导他们思考得出自己的立场。 • 让学生从中选四个重要当事人的立场——竞选者、记者、说客、政府环保主义者、房主和学生等,写下他们各自的立场所在,然后让学生写下他们自己的立场。 **实践活动** 　　指导学生用这些引导问题作为写作的框架,草拟出自己的立场。学生需找一位搭档,互相交换修改草稿,然后,在学生互相修改草稿的同时,教师就那些问题给予指导。 **Q+** 　　当学生开始写论文时,教师需要近乎逐字逐句地修改,来指导学生合作完成。这样,教师可以立刻监督和指导学生进度。因为修改者可以对文章做出反馈和提供建议,学生的互相修改也是有用且高效的。学生使用电子修改稿,既方便发送给教师,也易于自己保存。

选择立场

⬅️ ➡️

支持 　　　　　　　　　　　　　　　　　　　　反对
肯定 　　　　　　　　　　　　　　　　　　　　否定
是 　　　　　　　　　　　　　　　　　　　　　否
普遍观点 　　　　　　　　　　　　　　　　　　小众观点

我的立场是
_____
_____

因为
_____
_____
_____
_____
_____

4. 问以治学

如何运用提问来解读网络信息?(针对低年级学生)

Q 任务
学生将通过提问和提示来阅读和处理网页。

任务说明
　　本课学生为独立研究空气质量这一话题做准备。这个任务让学生探索关于空气质量的诸多方面,如雾霾、汽车尾气、臭氧、健康状况,等等。学生从教师设计的引导问题入手,搜索相关网站,同时将自己的学习过程、网页的访问记录和遇到的新问题记录下来。

建立理解
- 搜集报道空气质量的新闻简报或文章,与学生一起浏览/阅读这些最近的新闻和对话内容,了解背景信息。
- 告知学生你希望他们访问某些指定网站来深入了解相关的问题。要求学生阐述在网站上查找到这些新知识的过程。
- 记录下学生的观点,推荐第110页这个条目,阅读网站信息。用第110页上的阅读网页的模板条目,记录下学生的想法。学生按照模板的建议方式浏览网页,并记录下浏览时的想法和问题。

实践活动
- 打印分发第111页上的"网络调查:空气质量"表格,让学生有所准备,提醒他们在浏览网页的同时要遵照此表格进行。
- 学生需将自己的发现成果填入第112页的表里,一并记录下自己遇到的问题。该调查活动使学生处理重要问题的知识获得了增长,这样今后他们就能选择自己感兴趣的领域,并进行独立的调查研究。
- 当学生具备了进行在线调查和回答引导问题的实践经验,他们将具备思考并提出自己的问题的能力,找到可靠的消息来源,并使用组织表(如第67页的"KWHLQ单")记录他们原创的探索性发现。

Q 提示
互联网上海量的信息容易让人迷失。最好的对策就是用问题作为路标,保持正确方向。初级阶段,可以由老师帮助提出这些问题,学生在访问网站的时候需要不断地回顾这些问题,以确保没有偏题,避免浪费宝贵时间。
该Q任务参照勒希尔、勒什兰、兹万在2011年的出版物改编。

Q+
　　此任务可以使用像谷歌文件这样的辅助性工具,这样学生就可以合作,一起学习更多知识,老师也可以通过实时的电子评论来检查学生进度,并指导学生。

109

网络信息阅读建议

- 你阅读的目的是什么？为什么要读？
  - ☐ 查找某个事实（日期、天气、统计数据）
  - ☐ 对某话题进行研究
  - ☐ 为课堂讨论做准备
  - ☐ 娱乐休闲

- 先浏览网页获得整体印象。
- 挑出那些抢眼的数据。
- 快速浏览题目和副标题。
- 拖动滚动条浏览整个网页。
- 找到链接图标、目录表或工具。
- 联系你已掌握的知识来思考。
- 预测将读到怎样的内容。
- 判断这是否是合适的阅读资源。

写下你希望弄明白的问题。
- 用这些问题保持正确的查找方向，这样就不会浪费时间。**你的引导问题会帮助你不偏题。**
- 充分运用视觉信息（图片、地图、图表、曲线图等）。
- 查找边栏提示和大写字母（总结的要点、重要的事实、参考文献资料等）
- 查找粗体字和带颜色字体，以预测重要信息和超链接的内容。
- 使用现有工具浏览网页和网址。

不断回顾你的引导问题。
- 阅读目的是查找细节。
- 当你偏题时回到主页，继续试下一个链接。
- 浏览网页时记下关键信息并做好笔记。
- 记录下有用的网址，或把这些网址放进收藏夹，以便随时浏览。

你已经完成所有的问题了吗？

需要再查询一个网站来确认你的发现结果吗？

还有其他问题吗？

网络调查：空气质量

探索雾霾

参考网页

- 加拿大的环境——空气

- 加拿大的环境——空气：雾霾

- 加拿大的健康指数——空气质量

- 此刻的空气——加拿大的空气质量

- 监测地球

- 多伦多环保联盟——雾霾的真相

- 探究污染——初识雾霾

调查指南

- 回顾指导提问。
- 遵照旅行计划。
- 核对访问的网址。
- 略读和跳读以查找信息。
- 阅读时请做笔记。
- 记录下出处可靠的直接引用。
- 充分利用网站上的超链接，以获得更多信息。
- 若思绪混乱，按返回键返回到初始页面或登录主页的链接。
- 重温指导性问题，继续查找，直到完成查找任务。

引导问题

雾霾是什么？
雾霾的成分是什么？
雾霾是由什么引发的？
哪儿最易生成雾霾？
什么时候最易生成雾霾？
产生雾霾的最大诱因是什么？
怎样探测和测量雾霾指数？
雾霾对人体有怎样的影响？对环境呢？
雾霾对医保体系的影响是什么？对经济、劳动力和环境的影响呢？
天气状况对雾霾发源地和雾霾覆盖区的影响是什么？

空气质量网络调查表

	什么时候最易生成雾霾？
哪儿最易生成雾霾？	产生雾霾的最大诱因是什么？

雾霾如何影响 ——人体？	**雾霾是什么？**	
		雾霾对 ——医保体系的影响？ ——经济的影响？ ——劳动力的影响？ ——环境的影响？
——环境？	怎样探测和测量雾霾指数？	
		天气状况对雾霾发源地和雾霾覆盖区的影响是什么？
雾霾的主要成分是什么？		

4. 问以治学

如何运用提问来解读网络信息？(针对高年级学生)

Q 任务 学生将思考并提出问题，把各种技巧运用于网页浏览和信息处理。	**任务说明** 　　本课学生以加拿大法律为主题，选择某相关话题写一篇论证性论文。这是难度系数最高的任务，因为学生需要具备加拿大法律方面的丰富经验。学生思考自己对此话题的哪个方面最感兴趣，再请教老师，探讨后确定题目。准备工作做好后再开始研究。通过使用"寻路法"，指导学生如何通过学校图书馆或当地局域网查找最佳资料。 **建立理解** • 学生用第114页的表格"带着问题做研究"来检验自己选定的论文题目，为研究做准备。 • 重温第110页上的浏览网页的建议。遵循这些建议，集合答案，做成数据库，记录下研究过程中的想法和问题。 • 发送链接给学生，浏览建议中的数据库和加拿大法律出处的链接。 • 浏览参考资料的表格，让学生使用在线引用工具，比如引用机器或者EasyBib参考书目记录器。 **实践活动** • 学生使用可共享网页(比如谷歌文件夹)记录他们的论文准备资料，这样他们就可以从任何能联网的地方使用资料，老师也能实时了解他们的进度情况。他们的笔记也是教师考核学术论文的评分标准之一。 • 学生需要制订他们的参考书目清单并存档，每次的修改稿和定稿都要做电子存档。
Q 提示 无论阅读任何类型的文本，学习共享空间Learning Commons的主要成效是培养批判性思维和创造性思维。访问OSLA"合作学习"以加深了解。	**Q+** 　　第115页的"寻路法"表格是研究者查找某话题最全的资料来源清单。这些资料通常是由教师、图书馆资料员和教授这一课题的老师们长期积累的成果，若学生查到了好资源，其出处也可以一并收纳进来。"寻路法"这种方法需授予学生使用学校图书馆或局域网的权限，可以用杜威十进制分类法定位学校图书馆的某本书或是用网址定位网站。此外，也要列出资料的原始出处，方便专家日后进行相关问题的深入提问研究。"寻路法"可以做成包含链接的简易文件夹，挂放在图书馆或班级的网络论坛上，也可以使用网络工具链接到相关的维基百科网站上。

113

带着问题做研究

研究题目：_____ 姓名：_____

既然大家已经确定了研究题目，那就花些时间好好思考一下你们希望得到什么样的研究成果。思考涉及人物、地点、发生的事件和想到的数个论点。从多个视角去思考选题：你对什么感兴趣？你想弄清楚什么？你调查的重点是什么？既然知道自己想要查找的目标，那就设计几个问题来指引自己的研究。选出最关心的问题，那将是研究的重点。好问题意味着好答案。问题本质上应该是分析类提问，而不是仅仅援引事实就可回答的事实类提问。

请用下列关键词完成问题。

是否
能够
将会
一定
应当
可否
能否
已经(复数)
已经(单数)
是(单数)
是(复数)

注意：在研究过程中，若有了新想法和新思路，可以随时将新问题补充进来。

"寻路法"范本：读懂加拿大法律论述文

确定研究主题：用研究提问导图提出要研究的问题。
智能搜索：点开我们学校图书馆的网页（在这里做一个图书馆主页链接）。
数据资料库：视每个学校的具体情况而定。
加拿大的观点：分类浏览，获得整体印象，建议和对照观点，比如罪犯和惩罚、毒品、家庭问题、人权、社会问题、妇女权益等。
加拿大咨询中心：查询全文和专业期刊。
加拿大学生研究中心：通过当前话题和出版物的类别分类查询。
时事资源：查询报纸、图片和媒体报道。
查询我们图书馆的目录：查找此课题的相关书籍（在此添加和注释推荐的具体文章）。
提示：用布尔逻辑策略聚焦全球性的话题，比如：侵权、家庭、法律和加拿大。
以下是查询政府文件的具体网站，通常有助于你的研究项目：
（这只是部分示范网站，"寻路法"里列出的网站应该加以注释，方便学生明白网页内容。）

- 加拿大司法部门、档案局和新闻发布署的政府公文。
- 安大略省的法律与安全。
- 安大略省的司法信息网。
- 司法网站，1867年至1982年的宪法法案。
- 加拿大最高法院。
- 加拿大图书馆和档案局，加拿大档案馆。
- 加拿大的上层社会的法律，仅供学习使用的案件。
- 加拿大的法律信息研究所。

> 小提示：
> - 列出其使用的资料来源。
> - 在公用图书馆查询资料。
> - 必要时请寻求老师和图书馆工作人员的帮助。

> Q 任务小活动

在网络上提问

网络调查

学生可以参照第111~112页的"网页调查",自己做一个展示或作品,论述他们自己对某话题的理解,证明自己具有从互联网上搜寻最恰当的资料证明观点的能力。学生将提出引导性问题,让读者发现重要信息,并对某话题或事件形成自己的观点。鼓励他们使用存档工具,比如 LibGuides 或者 Scoop.it 工具。

寻宝行动

这个网页的活动主要是查找事实的任务,是教师训练上网新手浏览网页和有效运用搜索引擎的练习方法。也可以转变形式:让学生自己给其他同学布置寻宝任务,以证明自己新掌握的浏览技能。这个策略还可以搜寻某话题的背景知识,如指导学生浏览网页,找出最恰当的资料;对事实部分提出相关的问题,让学生去寻找答案。更多信息可以参考《寻宝任务:互联网寻宝任务》。

网上提问

教师精心设计的网页提问能吸引学生进行积极探索,让学生使用互联网快速找到正确的信息。设计合理的网页提问为学生探索提供了实际的指导意见,可提升他们的分析能力和综合能力。通过上述思考,可以激发学生的求知欲和激励他们继续研究。网站上已列出教师开发的大量的浏览网页指导性问题,它们可以开发学生批判性思维能力和创造性思维能力。

多方对比

这项活动有助于帮助学生理解:有些资源更合适他们的需求。指导学生比较两种资源,让他们自己提出问题。鼓励学生使用第77页的提问模板,提出大量问题。

学生应该比较:
- 谈论同一话题的多个网址
- 一个网站和一本书
- 数个百科网站
- 一个百科网站和一本网络百科全书
- 数个搜索引擎

4. 问以治学

提问如何帮助学生正确看待霸凌行为？

Q 任务	任务说明
学生们合作，一起提出问题，以加强对校园欺凌现象的理解。	本课让学生观看感染力强的校园欺凌事件的插画或视频以调动起情绪，然后大家一起设计提问加深对此的理解。

建立理解

- 阅读《不是我的错》一书（作者是 Kristiansson 和 Stenberg），讨论故事的主要情节，有哪些当事人，有哪些未出场的当事人。讨论作者为什么在书尾部分要使用那些黑白照片，并且如此打动人心。
- 分发第73页的"问题生成表"给学生，或者学生自己使用像谷歌电子表格之类的工具建立一个提问电子表格，回想原文是如何引发问题的。请学生列出几个问题来示范，比如校园欺凌行为的旁观者应该怎么做？
- 请学生思考故事中的问题"这不是我的错"，回忆他们听过或看过的校园欺凌事件。让他们自己就这些素材列出数个问题。
- 学生每三人或四人组成一小组。学生共享彼此的问题，在自己的表格中补充听到的好问题。以小组形式，参照"问题提示器"继续提问，每格可以写入两个或更多的问题。
- 各小组需从自己的众多提问中，选出最独特、最有代表性的那个问题在全班展示。

Q 提示

提高同学们反对校园欺凌的意识，如何以更高超的教学艺术，更赏心悦目的方式来呈现教学，可以参考 Larry Swartz (2013) 所著的《随处可见的欺凌现象》和 Kathleen Gould Lundy Larry Swartz(2001) 所著的《营造爱意满满的课堂》。

实践活动

- 学生使用问题和图片素材做一个反校园暴力宣传海报，以精心设计的问题为中心，辅以漫画、诗歌或艺术字装饰。把各小组的海报都陈列在墙上。
- 继续开展各种竞赛，鼓励学生用多种多样的行动宣传"抵制校园暴力，还校园和平"的活动。比如，学生自主编排上演此主题的话剧。

Q+

学生可以使用像 Glogster 的网络平台，或者用谷歌绘画之类的网络工具合作完成宣传海报。因为海报是电子版本，它可以放在学校官网上供大家观摩。

提问如何帮助学生成为好网民?

Q 任务	任务说明
学生运用提问技巧,加深理解当合格网民的必备素养。	本课主题是网络语言暴力。但本课的提问技巧也可以用于有关网民责任的其他话题,比如:网络行为承担法律责任、作品剽窃、网络安全、网络浏览的历史记录、保护基本隐私等。 **建立理解** • 学习背景知识,用现实生活中的网民案例吸引学生的注意力。使用智能媒体工具 Media Smarts 进行讨论。 • 让学生使用第69页的"头脑风暴"技巧来提出问题。 *（图:网络霸凌 —— 是犯罪吗？处罚是什么？这是一个严重的问题吗？受害学生人数达到多少？只有青年人这么做吗？能够制止这种现象吗？受害者该怎么办？谁能制止这种现象？）* • 提供网络霸凌的文章、案例或者素材让学生阅读,比如《你需要了解》手册。 • 让学生阅读一篇文章、一则案例或小册子,设计三个层次的问题以供讨论。可以参考第47页的问题设计表格和第120页的"理解阅读的内容:问这三类问题"。

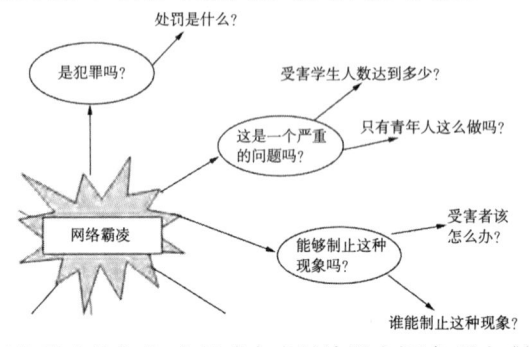

4.问以治学

Q 提示	实践活动
TALCO网站致力于为教师提供合适的教学方法，引导学生建立正确的网络观点，成为合格网民。	☐ 学生们以小组形式分享观点并探讨问题。 ☐ 让学生就网络霸凌话题找出一个侧重点来调查研究。 ☐ 最后，学生以可视化形式分享研究结果，比如：信息图表、视频幻灯片、海报、漫画形式等。 **Q+: 信息图表** 　　信息图表是一种新的汇报形式，优势如下： • 以视觉方式呈现信息，帮助读者轻轻松松了解事情的来龙去脉。 • 文字和图片的融入要生动流畅。 • 概念单一明晰，内容明白易懂。 • 把语言中隐含的信息说透彻。 • 帮助读者更快更宏观地理解文章。 • 用老少皆宜、通俗易懂的语言表达。

理解阅读的内容：问这三类问题

文章名：_____

高明的读者和优秀学者在阅读时会问这些问题。

文字类提问：通常是关于字面的提问，可以在文中直接找到答案。因而通常也被称为"字面问题"。比如，主人公是谁？他住在哪儿？

推断类提问：推断类提问的答案需要查找文中的线索，答案没有直接说明，但隐含在文内。通常属于字里行间的提问。比如，主人公感到不安吗？你觉得接下来将会发生什么？

评价类提问：回答评价类提问需要的信息根本没有字面表达。通常是头脑思索出的答案或字面上未谈及的内容。比如，如果你是主人公，接下来该怎么办？你认为作者在这章的意图是什么？

试一试！阅读并提问	
文字类 字面问题 _?_	
推断类 字间问题 _?_	
评价类 字后问题 →?	

提问对理解有何作用?

Q 任务	任务说明
学生将使用提问技巧来加深理解。	本课学生要独立完成关于环境问题的调查。每人要独立设计一份调查问卷,在教师指导下做研究,分析研究结果,并做时长2分钟的口头报告。学生扮演专家,要在讲台上发表他的研究报告演讲。

建立理解

- 在学生做报告前,教师要告知全班同学每个人都要对报告提出建设性意见。所有人必须积极主动地聆听讲座,准备向每位演讲者提问。
- 推荐学生完成第122页的"我需要更多信息"表并阐述自己填写此表格的过程。
- 准备时长2分钟的报告,题目自拟。演讲对象是全班同学。
- 要求学生在聆听讲座时记下关键字或提纲,然后提问以加深理解。
- 为了更佳的演示效果,要留够学生思考提问的时间。
- 教师要指点听众提问的技巧,并提示演讲者回答问题的思路。

演讲者回答问题的提示模板
- 我重复一下,你的问题是……
- 如果我理解正确的话,你的问题是这样的吗……
- 这是一个有趣的问题,然而我并没有……
- 这一点我并没有明确的答案,然而我可以为你推荐一本书/一个网址等。
- 很抱歉,在我的研究中并未涉及这一个领域,然而……
- 在我看来……
- 基于我的研究……
- 根据我所查阅的资料……
- 你这个问题提得很好,我会试着……

Q 提示	实践活动
尽量规范整个过程,安置一张演讲的讲台,准备好提问用的麦克风,或者以致电、发邮件或发短信的方式向专家提问。参考第128页的提问规则和指导图表。	回顾专家演讲这一环节的组织流程。 ☐ 每位学生有2分钟演讲时间;只能回答听众3个问题。 ☐ 听众记录下他们的演讲和回答,并记录到第122页"我需要更多信息"的模板中。 ☐ 提问者需指定回答人:"这个问题想请教这位……" ☐ 主持人应确保每个人都有机会提问。

Q+
　　学生可以借助网络会议工具,比如 Adobe Connect、Skype 或 Google Hangout 求助场外专家。

我需要更多信息

演讲者_____	演讲题目_____
主要内容	我的提问

演讲者_____	演讲题目_____
主要内容	我的提问

演讲者_____	演讲题目_____
主要内容	我的提问

演讲者_____	演讲题目_____
主要内容	我的提问

演讲者_____	演讲题目_____
主要内容	我的提问

提问在验证想法和理论时有何作用?

Q 任务	任务说明
学生懂得向别人咨询将有助于验证自己的想法和理论。	学生在制订解决方案或研究项目的尾声阶段时,可能有数个未成型的方案、理论和结论。做出最后的决定往往是个艰巨的任务。无论是要做最后抉择,还是为了加深个人理解,和同事讨论都起很大作用。本课学生将习得并运用咨询策略。

建立理解

- 讨论弄懂"咨询"和"咨询者"两个概念,以及如何运作于商界。
- 学生们集思广益,列举咨询师需要具备的技能和素质,填入表格。

> 技能:积极聆听并回应,批判性阅读,提问会抓住重点
> 素质:富有同情心、善于激励别人、正直、洞察力敏锐(如果学生回答不出来,就先复习"反思聆听"部分)

- 讨论商业人士如何为咨询会议做准备,将想法填入表格。

> - 收集整理相关的数据、研究资料和图像资料
> - 讨论以何种形式展示这些信息,分享各自观念
> - 检查所有的必需资料是否都准备完毕
> - 安排确定一个安静的会议地点,调试好所有的电脑设备,分发必需资料

- 询问顾问如何做咨询的准备工作,填入表格。

> - 收集一切相关的背景资料
> - 带齐做笔记的工具(笔记本电脑、平板电脑、纸张、笔、记事簿)
> - 调整状态:准备聆听、提问、反思和探讨

实践活动

- ☐ 讨论学生们是如何利用咨询程序理清自己的思路,得出结论,应对当前挑战并做出应对决策的。
- ☐ 将第124页的"通过咨询活动来验证想法"表单分发给学生,讨论咨询师这一角色是如何运用提示问题帮助人们找准方向的。鼓励"咨询师"就当前的具体任务自己提出针对性的问题。
- ☐ 把全班同学分成两人一组,A角色说出他们的研究结果和想法,B角色扮演咨询师——聆听、提问、反思和做出回应。
- ☐ 双方互换角色,继续咨询活动。

Q 提示

参考2001年出版的《处理信息验证想法》一书。运用网络咨询技术和其他班级合作。

通过咨询活动来验证想法

为什么我需要就我的研究工作和其他同学探讨？

当你和别人谈论你的研究成果或写作，就是先实验一番，观察大家对此的反应。

告诉别人你搜集的信息和你所做的工作是一种思考的外化过程。向别人阐释你的想法可以检验效果，有助于你理清思路。别人的反应和提问可以帮你从不同的角度思考，有时候会激发出新想法，或直接肯定你的观点。另一方面也很重要，就是要形成自己的分析逻辑，坚持自己的观点。咨询的目的是帮你理清思路，打磨自己的观点。

> 只有能教别人、会运用、能够解释并证明、读懂字里行间的内涵，才算是真正的理解。
>
> ——威金斯和麦克泰(《设计理解》)

同学间的咨询何时才有意义？

- 分享研究分析
- 检测结论和解决办法
- 做出决定
- 准备汇报演示
- 做陈述修改写作
- 制作作品展示选集

续表

咨询问题的范例：

- 这个话题的哪点最吸引你？
- 把你的发现结果告诉我。
- 你觉得哪部分出其不意？哪部分让人困惑？哪部分发人深思？哪部分有趣？
- 发现哪部分是最重要的？为什么？
- 谁或什么因素产生了此效果？以哪种方式？
- 你怎么理解……这一点的？
- 请阐述整个研究过程中你的思路是怎样发展变化的。
- 你得出结论了吗？找到问题的解决办法了吗？做出决定了吗？
- 你现在的期望是什么？

咨询后的反思提问：

- 这次咨询有助于你理清思路吗？
- "边想边说"是如何帮助你思考的？
- 你之后打算做哪些相应的调整？
- 你还需要建议么？
- 你打算下一步怎么办？

记者如何提出采访问题?

Q任务	任务说明
学生学习如何在采访中用提问的方式获得信息。	提出高效的采访问题是高难度任务。本课中学生将解析一篇基于采访的文章材料,推断出采访记者是问了哪些问题才获得这些信息的。

建立理解

- 采访对象可以是一位知名运动员或著名演艺人士。在文体杂志或网站上刊登着大量的此类文章。教师挑选的范文必须具有明显的基于采访而写的文章特征。把范文投影在感触式白板上,或者把复印件分发给学生使用。
- 向全班同学朗诵范文,让他们找出关于此人物的新信息。
- 让学生阅读这篇文章,找出所有文章提到的信息,填入表中,并标明序号。
- 把全班学生分成数个小组,根据文章内容分组讨论,分析采访者可能提出了哪些问题。然后,小组间互相交流,比对答案。
- 讨论要获得某条信息,应该怎样提问,并选出最合适的提问。记录选定的问题和信息,并讨论完美提问的决定因素是什么。标出其中的中心词,如进行阐述的提示词、进行说明的提示词、进行假设的提示词。

实践活动

　　教师另选定一篇备受关注的热文,用荧光笔标注出步骤,分发此打印稿给学生,这样他们就可以按照教师所示范的步骤自己来找出信息,提出此信息对应的采访者当时可能采用的问题。
- ☐ 请学生找出他们认为有助于获得查找信息的提问中的词语,并用荧光笔勾出。把发现结果填入第127页的信息提问表格中。
- ☐ 让学生以小组形式分享各自的提问技巧,选出最佳提问。在全班公布精心挑选的问题,指出其特征。讨论这一过程如何帮助学生把采访做得更棒。
- ☐ 让学生在反思日志或者学习记录表里详细记录下此条学习过程。

Q提示

订阅有趣的报刊公众号,经常浏览,选出最新的浏览量高的文章给学生分析。

Q+

　　教师应当让写反思成为学生个人学习的自然组成部分,即必须确保反思融入学习过程。让学生充分利用维基百科、互联网网站、博客工具或其学校和地区的局域网资料库,来完成学习项目和学习的反思,并制作电子版文档记录。做电子版的记录可以使学习进程一目了然,并能避免遗失。

获得信息的提问表

被采访人是谁?	
信息 这篇文章提到了哪些重要信息?	**可能问到的提问** 当时记者很可能是怎么提问而得到此信息的?
你认为记者还应该问哪些问题,却没有问?	

学生如何设计有效的采访问题？

Q任务	任务说明
学生学习在采访时如何提问才有效。	对于学生来说,在采访中与人沟通是获得第一手资料的有效途径。本节课学生将学习如何准备采访提问。他们会按照采访的框架,遵循提问的原则来学习采访提问。学生需明白追根究底的深度提问和唐突的粗暴提问之间的微妙区别。通过此实例,全班同学将了解某行业的职场机遇。两个人为一组,选定感兴趣的行业,采访一位该行业的在职人员。 **建立理解** • 以小组形式讨论大家需要查清楚哪些信息。注意避免某些禁忌话题。 • 把讨论的想法以列表形式记录下来,如该做什么?不能做什么? • 参考下面的"演讲提问规则和指导"表的提问规则和指导,讨论这一准备阶段的各个时间节点 • 做采访计划 • 设计采访提问 • 进行采访的步骤,采访中及采访后的活动 • 评价成果 **演讲提问规则和指导** 会提问的人要遵循一些基本的提问原则:能够理解别人的想法和观点并懂得礼仪,才会得到满意的回答。要成为高效的提问者,需要: • 聆听别人的想法和观念。 • 不要插话。 • 注意保护别人的隐私,在意对方的感受。 • 明确自己的感觉。 • 尊重他人。 • 理解他人。 • 不要偏题。

实践活动

　　学生已经基本了解所选的职场角色,现在他们要准备采访一位选定领域的在职人员。

☐ 让学生罗列出希望从采访中获得的信息。

☐ 回顾第三部分"学会提问"学到的高效提问的方式。

☐ 指导学生运用提问技巧,结合对工作背景知识的了解,创建自己的提问。

☐ 让学生拟制一个采访表,罗列出所有的提问,并预留出回答的空格。

Q+

　　现在学生已经做好了面对面采访或网络采访的准备工作,他们可以运用 Survey Monkey 或者谷歌表格软件进行网络采访,以便分析回答。

学生如何准备向专家提问？

Q 任务
学生在交互式视频会议中对专家提问。

任务说明

本课学生已经学习了自然灾害——地震，对地震的相关专业词汇和知识有了充分的了解，包括地震发生的方式和地点。学习过程中他们对此话题产生了许多困惑和疑问。老师为大家安排了一场和一位顶尖的地震学家的交互式视频会议。

建立理解

- 联系专家，讨论你们希望学生从此会议中掌握的内容，和专家商讨会议流程。
- 告知学生地震学家的工作日常，或指导学生自行查找并分享从事自然灾害相关职业的背景知识。
- 提供第131页的"专家计划表"给学生参考，让学生写出已掌握的相关知识的思维导图。
- 复习第73页的提问表格，第77页的提问框架模板，第90页的问题拓展表。分发这些复印件给学生学习，这样他们就能面对地震学家提出高效沟通的问题。
- 学生需精心设计一个问题，填入"专家计划表"。
- 各小组分享设计的提问。每个小组整理类似的提问，挑选出三个采访问题，并填入表格中。
- 检查所有的提问，找出其共同特征，合并提问。
- 全班一起讨论这些提问，选出人气最高的六个重要提问。

实践活动

- ☐ 安排学生轮流模拟提问。如果会议时间允许，除了准备六个基本问题外，每位学生还需要再自己准备一个提问。
- ☐ 教授学生操作交互式视频会议的必要技术知识，比如利用播放视频和音频的时间做准备工作。提醒学生要做文明观众。
- ☐ 让学生边开会边做会议笔记。
- ☐ 会议结束后，他们可以自己继续研究困惑之处，为进一步研究做计划。

Q+

会议过程可以摄像记录，放在学校图书馆网站上作为进一步研究此话题的资料存档。把资料公布在网络上之前需先取得专家的授权许可。

4. 问以治学

专家计划表

访谈主题：_____ 日期：_____

关于此话题，你已经掌握了哪些背景知识？画一个思维导图，展示你已经知道的信息。	
你希望了解什么内容？ 设计你要向专家咨询的提问。 挑选出最合适的提问。	你从专家那儿获得了什么信息？
你现在还有什么困惑吗？	你可以到哪儿去查找答案？

小学生如何设置调查问题?

Q 任务	任务说明
学生以小组形式设计调查问题。	对于学生来说,设计并进行一场调查是掌握某话题主要信息的有效途径,有时候还是获得当前数据的唯一办法。此任务就是学生在老师的指导下,设置调查提问并按照调查表去实践。本任务就是调查个人的饮食状况。最后一个环节是搜集本校同学的信息,来判定他们的早餐习惯是否健康。这些都是通过调查形式完成的。

建立理解

- 收集一些简单的调查样本展示给学生学习。调查提问务必精心设计,以便得到他们想知道的信息。看左侧的样表,引导学生去思考如何设计重点突出的调查提问。
- 我们将以谁为调查对象?
- 我们的调查目的是什么?
- 符合健康标准的早餐是什么?
- 他们通常吃什么?
- 他们通常喝什么?
- 如果饮食不健康会怎样?
- 我们如何设置回答形式,是选择题、判断题,还是主观填空题?

- 一旦确认自己的目标是调查早餐习惯是否健康,就开始设计大量的提问来确认这一信息吧。鼓励学生踊跃回答,思考答案是否是要调查的内容。在班级内先试试调查提问的效果,必要时修改提问。讨论用何种方式记录提问的答案,比如清单打钩、填空、多选。讨论如何处理没有列入清单的答案,以及学生想到的其他问题。再次复习提问规则。
- 创建一个调查提问表和一个记录表。复印足够的份数,这样每位学生至少可以拿到三四份表格。和其他老师协商以增加受调查的学生数量。

实践活动

- ☐ 学生需找一个同伴练习调查。
- ☐ 学生应该阅读调查的提问,在表中记录下回答。
- ☐ 提醒学生感谢那些调查参与者,并告知调查结果将公布在学校网站或公告栏中,或在广播节目中播出,或以简报的形式刊登出来。
- ☐ 收集所有的调查结果,核对后,以表格形式汇总调查的结果。
- ☐ 仔细研究调查结果,找出规律,请学生对调查结果做出自我评价。询问学生自我感觉调查提问的效果如何,下次可以做出怎样的改进。

Q 提示

- 更多资料可以参考凯什兰和兹万写于2003年的《开展调查》。
- 更多的调查话题可供参考,例如:课外活动、阅读习惯、班级出游建议、关于你的一切,等等。

Q+

使用操作熟练的绘图工具或软件,比如 Create a Graph from Kids Zone,帮助学生制作调查结果的汇总表格等可视化报告。

4. 问以治学

如何运用提问进行比较？

Q任务	任务说明
鼓励学生运用提问技巧进行比较。	本课学生开始学习植物和动物。就"植物和动物的需求"话题来设计提问，查看它们需求的相同点和不同点。 **建立理解** • 先阅读一则新生儿的故事，让大家了解"需求"这一概念，讨论婴儿的需求有哪些，需要满足哪些需求婴儿才能健康成长？把学生的回答填入表中。 • 设计一个交互式学习体验活动。 {见下表}

任务1:研究组	任务2:专家组
就动植物需求话题设计提问： A组 森林动物 B组 草原动物 C组 树木 D组 蔬菜 给每组分发便利贴和对应各自主题的报告手册。要求学生独自阅读报告手册，在便利贴上记录他们的困惑，交换他们的提问便利贴，填写更多的新问题。 询问全班同学的答案，创建T表格。	再找一组学生做此任务，比较两次的回答。 A B C D 组 A B C D 组 A B C D 组 A B C D 组 把表格分发给学生。让大家从提问贴纸中找出类似提问，归纳出植物和动物的需求。分类的类型为：生命之必需品、栖息地等。

我们关于动植物需求的提问

相似点	不同点
生命必需品 栖息地 等等	

133

续表

Q 提示 更多高端的信息处理模板可参考勒希尔、凯什兰、兹万于 2011 年所著的 *Beyond Bird Units* 一书。	**实践活动** 　　每位学生选定三个想探究的提问,研究前要准备好"带着问题去探究"表格(第135页)。 Q+ 　　把各小组提问情况统计到电子表格中,这样每个人都可以看到其他研究小组的提问。这种复杂的专家分组形式,有利于学生回顾提问,找出共同点和不同点。在线的电子表格建好后,这个任务的参与者就可以拓展到其他班级的同学,其他学校的学生,甚至与其他地区的学生和海外学生合作,极大地丰富大家的学习经历。

带着问题去探究

提问	植物	动物	我查找的信息来自
1)			
2)			
3)			

学生如何确立比较的标准?

Q 任务 学生就事物的各方面提问,以便确定比较的标准。	**任务说明** 　　比较是个复杂的任务。学生首先要明确比较的对象和比较的意义。练习之初教师可以示范比较的标准,但学生最后阶段要能独立完成整个流程。本课学生将练习设立比较的标准。 **建立理解** • 要求学生必须先制订标准,再进行比较。解释精确比较的必要性,并对事物分别做出评价。 • 以自行车的比较为例。深入了解被比较的物品是必做的环节,从手册和产品目录中收集各种自行车的参数。 • 使用第137页的"比较标准"表格,让学生把各种自行车的特征和参数填入表格,用投影仪或触碰式白板展示出来。让学生查看表格内容,进行比较,选出合适的自行车。 • 强调表格中的选项只是参考,学生可以自己增添、修改选项,以符合需要的内容。例如,比较自行车的情况,重要的影响因素就是价格、尺寸、自重、材质、型号以及特点,如链条和轮胎。让学生继续思考自行车还有哪些特征。 • 让学生思考做比较的目的是什么,这有助于帮助他们确定哪些是重要的标准。把这些标准加入表格。 • 让学生仔细观察挑选的标准,选出四个最符合自己目的的标准。学生需要阐述做此选择的理性解释。 **实践活动** ☐ 全班以小组形式做活动。每个小组为教师指定的主题确定选择标准,比如体育用品、动物、学校、游戏、电视节目、社团和度假目的地,等等。 ☐ 教师给每组分发第137页的"比较标准"表格,让他们在指定标准的过程中参考,有助于提问。 ☐ 提醒学生这个提问过程有助于他们确定需要比较哪些方面,选择的出发点则应当是尽可能地满足自己的目的。比如,他们比较数个网球场以决定参加哪个俱乐部,比较的标准可能包括价格、费用、地点、交通、建筑结构、地面条件和项目/教练(加入"教练"一项的缘由是学生希望能参赛和提高球艺)。 ☐ 一旦学生确定了主要的评判标准,并明确了比较对象,就需要独立完成第138页的"相同点是什么?不同点是什么?"表格。
Q 提示 该比较方法适用于比较诗歌、戏剧、小说中的主人公等。	

比较标准

我将比较 _____

因为 _____

对我最重要的是 _____

潜在的比较标准

跟以下方面相关吗?

☐ 尺寸、数量
☐ 颜色、情绪
☐ 价格
☐ 材质、材料
☐ 用途、功效、功能
☐ 需求、食品、设施
☐ 特色课程、科目
☐ 结构、组织
☐ 特点、版本、选项

☐ 口感、风味
☐ 安全性能
☐ 产品有效期、有效使用期、产品寿命
☐ 样式、形式、型号
☐ 部件、部分、零件
☐ 优点、品质
☐ 形状、设计、风格
☐ 地点、环境、产地
☐ 异味、芳香型、气味

对于本次比较,重要标准有:

_____ _____

_____ _____

_____ _____

_____

请你从上面的标准中圈出四项作为最终的比较标准。

4. 问以治学

相同点是什么？不同点是什么？

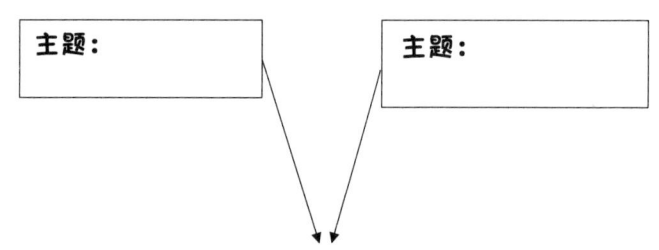

| 主题： | | 主题： | |

比较标准及缘由	不同点是什么？	相同点是什么？	不同点是什么？
标准是： 为什么？			
标准是： 为什么？			
标准是： 为什么？			

[摘自凯什兰和兹万(1997)]

4. 问以治学

提问在理解方面扮演着怎样的角色？

Q 任务	任务说明
学生运用提问技巧有助于他们加深对陌生文本的理解。	本任务中，学生运用提问技巧加深对所读文本的理解，这种方法还可以用来阅读图画书、说明书、教材和文章。

Q任务

学生运用提问技巧有助于他们加深对陌生文本的理解。

高明的读者会在阅读前、阅读过程中和阅读后，出于下列目的而提问：
- 理清思路
- 与作者建立起联系
- 分析推断
- 预测下文
- 启迪思想
- 拓展思维

任务说明

本任务中，学生运用提问技巧加深对所读文本的理解，这种方法还可以用来阅读图画书、说明书、教材和文章。

建立理解

- 重温特殊疑问词：谁、是什么、什么时间、在哪儿、为什么、怎么样。
- 选一本跟我们学习主题相关的有趣的图画书。
- 阅读封面，学生就封面内容提问，把提问内容填入表格，用荧光笔勾出特殊疑问词。
- 开始阅读几页正文，让学生提出更多的问题。一边阅读，一边继续提问并填入表中，直到读完整本书。
- 向学生提问：我们现在能回答哪些问题了呢？还有一些未解问题，怎样去找到答案？提问又是怎样让人更好地品味故事的？

实践活动

☐ 教师给每人分发文本，学生独立阅读。学生也可以三四人为一组，一人为大家朗读。这种方法无论对于小说或非小说类文本都适用。

☐ 学生参考第140页的"提问，提问"表格提示，练习提问技巧。记录下在阅读前、阅读中和阅读后的提问。

☐ 让学生圈出使用到的特殊疑问词。提醒他们尽量使用完所有的特殊疑问词。

☐ 让学生回顾他们的提问。划掉已有答案的提问。

☐ 让学生在小组里讨论，是否有人有同样提问或类似提问。可以用一套符号系统来标记有答案的提问、类似提问、不同提问或别出心裁的提问。

Q+

提问是帮助学生真正读懂文本的最有效的办法。提问要少一些形式，保持人情味。为学生提供足够多的便利贴，以方便他们阅读时记录提问。

教学生使用阅读工具Padlet，让大家一起阅读。Padlet这个提问工具可以汇集学生的提问，建立一个提问墙，甚至可以拖动滚动条，进行提问的归类。

提问,提问

我正在阅读的是 _____

作者是 _____

提问是如何帮助我阅读的?

阅读前：

阅读中：

阅读后：

☑ 我现在已经找到答案了。	★ 没人有这个问题。
☺ 别人也有同样的问题。	● 我真的很想知道答案。

［摘自勒希尔、凯什兰、菈万(2004)］

学生如何利用FAQAs方法展示或分享知识？

Q 任务	任务说明
学生总结出高频率的提问和常见答案，分享彼此的学习心得。	本课，高年级同学在网上做学校地图导航，帮助新生家长和新生熟悉学校。他们以小组为单位，每小组负责介绍学校的一个学院。每个介绍都要包括常见提问和回答。

建立理解

- 搜集宣传手册、海报和介绍网站。展示这些样本，学生可在展示站台间自由走动以浏览样本，最好能看完所有样本。让他们以小组形式讨论哪个介绍最简洁明了，并说明原因。
- 在学生仔细阅读这些样本并进行讨论后，指导他们以小组形式制订出有效信息介绍的标准。
- 全班讨论常见提问的目的是要问什么，弄明白提问题的流程，比如，预测顾客的需求、鲜为人知的信息、重点突出特色服务项目等。

实践活动

☐ 学生以小组为单位，收集要完成任务的那个院系的相关数据，像小视频、数码照片和图表等。

☐ 完成原始数据收集后，学生要站在新手家长和新生的角度打量学校，用FAQs方法提问。

Q 提示

本任务为学生提供一个真正为实用目的而提问的机会。青少年特别渴盼做真实且实用的活动。想更多地了解青少年学习者，可参考Literacy Gains网站。

用FAQs方法向学校图书馆提问：
- 图书馆有哪些种类的资料？
- 我该怎么查资料？
- 我该怎么获得课题资料？
- 我可以使用复印机么？
- 我在哪个时间段可以使用电脑？
- 我在家能登录学校的图书馆系统并得到管理员的帮助么？
- 如果丢失了图书馆的图书，赔偿标准是什么？

☐ 小组要做出院系介绍的网页设计和常见问答。然后和其他小组探讨其方案以便使其完善，确保思虑周全，能全方位服务到新生家长和新生。可以参考第124页的咨询表。

☐ 院系介绍可用幻灯片形式展示，并放在学校官网上供新生家长和新生自行了解。

Q+

让新生制作可放在学校官网上的宣传视频。推荐使用免费软件Screencast-O-Matic或者Jing。

同学互相提问如何提高写作的创作力？

Q 任务
学生互相提问，帮助同伴修改文章，提高写作水平。

任务说明
　　修改是写作中的重要环节，然而很难做好自我修改。在本任务中学生将学习同伴互相修改文章。修改重点是内容，而不是语法。本课学生将阅读大量的推理故事和小说，他们需了解推理小说的写作特征，并将这一知识运用到自己的写作中。

建立理解
- 学生已经修改好初稿，让他们找个同伴一起探讨。指导他们阅读自己的文章，然后交换修改。
- 拿一张纸对折，左边写赞美之词，右边写对同伴文章的提问。

做得好！	问　　题
你的题目真的很吸引眼球。	如何修改一下题目，不至于透露太多信息呢？

成功的作者会在写作前、写作中和写作后，出于以下不同目的而提问：
- 集中思想
- 理清思路
- 有条理地组织观念
- 和他人确认自己的观念
- 分析思路
- 形成个人的见解
- 监督自己的写作
- 反思自己的写作

实践活动
　　学生收到对作品的赞扬和提问，并思考可以怎么改进。教师再次向学生强调：作者自己的原创思路是最宝贵的，但同伴的提问可以促使自己修改得更好。

Q+
　　使用谷歌文档这种在线文字网页处理工具，这样同伴与作者就能实时地交换修改意见。

Q 提示
就像专业的作家会鸣谢编辑和帮助者那样，让学生也向帮助自己修改文章并提出建设性意见的同伴们致谢。

如何运用朗读策略?

Q 任务 学生提问有助于更好地理解文本。	**任务说明** 运用此技能做一个有趣却有别于传统的书本朗诵活动。 **建立理解** • 挑选四五本同一主题、同一作者或同一类型的书籍。从每本小说里选出一篇有趣的段落,要能吸引学生的注意力、激发想象力并适合提问。大声朗读每篇选段,为班级示范朗读技巧做练习准备,比如音调、节奏、肢体语言等。阅读前先大致介绍这些小说。 • 给学生几分钟阅读选段,然后指导他们提出问题,并一起讨论。以朗读的文本为基础,选出四五个问题。如果时间充裕,就填入表中。 • 照这样的流程,读完整篇文章。 教师需限定活动时间。 **实践活动** 　　用同样的流程设计一个读书报告活动。学生阅读完整本小说,再选择一个有趣的章节,像教师示范的那样,大声向全班同学朗读。听众提问,朗读者需回答提问。教师需限定活动时间。 **Q+** 　　让学生做一个书的索引,设问开头或提问结局都可以,以激发读者的好奇心。就像电影的预告片,书籍索引也要运用各种技巧来吸引读者注意力,让他们产生阅读欲。学生应该耐心学习这种写作技巧和布局,请参考第144页的"书籍简介计划书"。 • 把书籍索引放在学校图书馆官网上,这样全校师生可以阅读并继续提问和评论。小说类或非小说类的文本都可以有索引。有许多免费的视频软件可以运用,甚至"如何摄像"这个软件也可免费使用。 • 制作完毕后,让学生说出什么是优秀的书籍索引,制订出标准。比如:
Q 提示 学生自己做一个文章索引。参考 Book Trailers 网站,有大量的书本提示和讨论可供参考。	• 书籍索引要高度吻合本作品。 • 配图是为了调动读者的情绪。 • 音乐、音效和叙述旁白是为了烘托主题、渲染情绪或阐明背景,要清楚明了。 • 所有照片、配图和声音必须是原创,或已获授权许可的。 • 衔接要自然,引人入胜。 • 书籍索引要注意把握节奏,以1~2分钟时长为宜。 • 整体效果要激发潜在读者想继续阅读。 • 鸣谢所有的参与者和媒体(书籍、音效、视频)技术人员。

书籍简介计划书

书名：_____

制作团队：_____

_____

你想向新读者传递的**重要想法**是什么？

设计亮点问题：设计一些问题吸引读者。

亮点：故事的哪个方面能吸引住读者（背景环境、对话、人物、场景、行为、感情、事件或其他因素）？

你将采用**哪种技术手段**来吸引读者（视频、图片、动画、场景变化、叙事节奏、拍摄角度、色彩或其他手段）？

你将采用哪种**音效手段**来渲染基调与情绪？

此页表格的背面已经列出你可能用到的技术和材料。制订流程的进度表。一切就绪后再写情节摘要的初稿。

提示：在你动笔前先回顾分析别人的书籍简介。

5. 问以进取

自我提问如何帮助学生评价其努力与成绩间的关系？

我们的最终目的是希望学生成为学习的主人，所以在学习过程中需要给学生提供反思的机会。学生们对他们所用的学习时间、学习过程和学习技巧、态度以及所学知识来进行反思，思考他们使用的资源和策略，思考他们学到了什么，他们下一步需要或想学习什么。这些反思的成功在很大程度上是基于他们应用有效问题的能力。

马扎诺、皮克林和波洛克（2001）告诉我们，努力付出、为学生提供有效反馈是提高其成绩的有效策略。研究结果表明，多数学生不能够认识到完成学习任务的努力程度与取得成绩之间的联系，尽管这不是我们想看到的结果，但是学生们可以学会建立联系。

在本部分，我们将分享一些培养学生建立思考行为的工具，并试图发现学生自我追问的内在本质，以评估学生的努力程度与取得成绩之间的联系。

- 自我提问如何帮助学生管理时间和资源？
- Q任务小活动：培养成长的心态
- 学生如何为考试评价设计测验？
- 我如何教授SQ4R学习策略？
- 学生如何知道哪种资源最适合他们的需要？
- Q任务小活动：提问使我们进步
- Q任务小活动：深度思考

> 质疑是学习、变化和成长的核心。
> ——麦肯瑞，《学会提问、求知与学习》

自我提问如何帮助学生管理时间和资源?

Q任务	任务说明
学生将通过自我提问的方式安排他们的时间,并集中精力学习。	通常而言,家长和教师承担着监督学生作业和作业完成的所有责任。我们想要的是让学生能够自食其力。在这项任务中,学生将学习自我提问如何提高学习效率、缓解焦虑,以取得良好的学习成绩。 **建立理解** • 阅读 Jon Scieszka 的著作《鱿鱼终将是鱿鱼》中的"蚱蜢逻辑",或者通过其他故事和有趣的诗歌介绍家庭作业的主题。邀请同学们分享个人作业故事。 • 提醒学生,忙碌的人需要通过自我提问的方式保持条理性并确保能够记住所有事情。与学生分享你的自我提问过程,保证你下班回家前一切准备就绪。 • 下一班车是什么时候? • 在我离开学校之前,我可以工作多长时间? • 我有所有的文章分级吗? • 我今晚还想做什么? 让学生与同伴一起学习,通过头脑风暴的方式进行自我提问,以更好地完成学习任务。让每个小组分享一些他们自我提问的问题。

5. 问以进取

实践练习

　　向学生提供空白游戏模板的副本（第148页）。要求学生选择一些自我提问的问题，并创建更多有关自己的问题，这真的能够有效地帮助学生完成作业。

> **问题示例：**
> - 我在作业完成后立即记录作业了吗？
> - 我真的理解我的家庭作业吗？
> - 如果我有不理解的地方，是否向老师寻求帮助了？
> - 我是否有我学习同伴的电话，当我遇到问题的时候能够及时寻求帮助？
> - 我有一个安静的地方学习吗？
> - 我能做到不受电视和电话的打扰吗？
> - 我有没有计划早点做作业的时间，这样就不会太累？
> - 我有计划在需要时休息吗？
> - 我的笔记本、纸、笔等是否整齐有序？
> - 我有把所有的家庭作业放到门口等着去上学吗？
> - 我是否按时完成了我的所有作业？

Q 提示

向学生提供家庭作业检查小书签（第149页）的副本，以便他们可以快速记录他们需要收集的家庭作业信息。

Q+

　　鼓励学生利用智能手机备忘录和日历应用程序设置家庭作业提醒。发现Edmodo的潜力，以帮助整个班级保持组织有效和精神饱满。

会问才会学习：引导学生提问的实训策略

游戏板

向自己提出好问题
赢得家庭作业游戏

家庭作业检查小书签

家庭作业检查 ✓	家庭作业检查 ✓
科目一： 我必须要做的：_____ 我需要的书：_____ 我需要的其他材料：_____ 如果需要，我如何能获得帮助：_____ **科目二：** 我必须要做的：_____ 我需要的书：_____ 我需要的其他材料：_____ 如果需要，我如何能获得帮助：_____ **科目三：** 我必须要做的：_____ 我需要的书：_____ 我需要的其他材料：_____ 如果需要，我如何能获得帮助：_____	**科目一：** 我必须要做的：_____ 我需要的书：_____ 我需要的其他材料：_____ 如果需要，我如何能获得帮助：_____ **科目二：** 我必须要做的：_____ 我需要的书：_____ 我需要的其他材料：_____ 如果需要，我如何能获得帮助：_____ **科目三：** 我必须要做的：_____ 我需要的书：_____ 我需要的其他材料：_____ 如果需要，我如何能获得帮助：_____

> **Q 任务小活动**

培养成长的心态

我们如何鼓励人们在学会学习的过程中保持劲头和积极的心态?

研究学生成长心态的概念。

> 有很多网站和视频流行这个基于心理学的话题。新的心理学的成功来自于 Carol S. Dweck。
> - 官方网站
> - MindsetWorks
> - Findclass-readyideas

稳定心态……	成长心态……
……引导看似聪明的愿望,从而导致了一种倾向…… - 避免挑战 - 获得防御和过早放弃 - 将努力看作徒劳的甚至更糟糕的 - 忽略有用的负面反馈 - 感受到他人成功的威胁	……引导想要学习的愿望,从而导致了一种倾向…… - 积极应对挑战 - 坚持面对挫折 - 努力是成功的主要途径 - 从批评中学习 - 在他人的成功中找到教训和灵感
因此,学生早早放弃,无法挖掘他们的全部潜力。	因此,学生达到了更高的成就水平。

在教学和学习中建立成长的心态。对学生的行为进行谨慎的反馈,鼓励他们在学习中成长。建立自我反思的机会,激励学生不断成长。将适应力、决心和自我效能感的概念传授给学生。

我的偶像

学生研究他们感兴趣的成功人士的挑战和失败。请他们通过研究发现这些艺术家、运动员、作家、商业领袖等如何克服成功道路上遇到的障碍,或询问完成这项任务的同学的感受。

Q 任务小活动

培养成长的心态(续)

关于成长的名言
让学生搜索一些反映心态成长的名言,将其贴在教室的墙上或网上的虚拟墙上来进行分享。

成长的问题
学生以自己的努力、责任、协作、技能和内容知识为中心,制订自己的反思学习问题。在协作文档中分享这些问题,让学生开发制订自我评估工具或评价标准。

交流讨论
在学习过程中和获得学习经验后,学生们与同伴讨论他们所遇到的挑战,给出建议和解决问题的办法,互相帮助支持。

触发灵感
学生与合作伙伴或小团体合作,将成长的心态以视觉形式呈现出来,可以是思维图、绘图、拼贴画、视频或漫画等形式。

学生如何为考试评价设计测验？

Q任务 学生创建测验以在准备文本时查看内容资料。	**任务说明** 　　在这个Q任务中,学生在科学、历史、文学和地理等内容领域的考试学习中应用提问技巧和工具。(见"3.学会提问") **建立理解** 　　审查"Q任务20个问题"(第22页)、"谜语活动"(第24~25页)和"问题生成表"(第73页)中学习的问答策略。使用与主题相关的图画书,通过选择一本简短的教科书或一篇文章来对过程进行建模。
• 主要思想是什么? • 为什么这很重要? • 对谁是重要的?	• 通过阅读定义该作品的主要思想,以及它为什么值得研究;见左边的方框。 • 作为一个小组提出问题,学生可以要求学习合作伙伴测试他们对这一主题的理解。在图表上记录问题。 • 再次阅读文本,这一次集中于支持这些问题发现的细节:事件的顺序、联系和关系、起因和结果、影响、转折点、暗示等。 • 让学生在小组中学习,创造能够获得这些信息的问题。提醒学生,虽然日期和数字很重要,我们也想测试对主题的理解,所以他们必须包括超越简单回忆细节的问题。 • 与全班分享并记录问题。讨论好的问题,并确定可能被忽略的重要领域。通过问题启动器集中问题。一起构建一个图表,详细说明问题启动者如何给出他们正在寻找的答案的方向。

5. 问以进取

Q 图	
问题	答案
什么	事实、单词答案、列表等
在哪儿	地点、目的地等
什么时候	日期、时间等
谁	合作伙伴、利益相关者、受害者、参与者等
如何	方法、说明、过程等
为什么	原因、起因和结果等
哪些	决定、问题解决、优先级等

Q 提示

作为一个更积极的战略，创建咨询线椅子彼此面对——一侧提问，对面回答。给每个组的成员编号，偶数学生组成问题线，奇数学生组成回答线。然后切换线路，使每个人都有机会问和答。旋转线条，使不同的团队彼此面对。

建立理解

☐ 让学生通过小组合作，使用即将进行测试的内容材料来开发测验问题。提醒学生使用 Q 图表，以确保他们正在开发各种各样的问题。

☐ 在小组完成测验时提供小组讨论，并提供反馈以完善小测验。

☐ 让学生为每个团队成员制作一份测验的副本。

☐ 拼图组(重组)回答测验。

Q +

学生可以使用谷歌表单等工具为其群组创建多选题或简答题。答案将保存在电子表格中，以便学生可以轻松地分析和比较答案。

我如何教授SQ4R学习策略？

Q 任务 学生将学习和实践SQ4R策略以处理书本内容。	**任务说明** 　　这种跨课程策略可以有效地引入新的文章或为测试做准备。学生将运用他们的提问技巧帮助他们理解新的文章或审查课程内容。 **建立理解** • 选择使用与学习主题相关的文章，例如文章、内容文本中的章节或网站，为学生建模过程提供你的整体指导问题或研究此特定文章的目的声明。 • 运用有声思维法介绍SQ4R课程步骤（如下），让学生通过体验学习模式阅读并理解课文。 SQ4R 处理步骤： • 调查：快速浏览文章，使用标题、副标题、视觉效果、专有文章、超链接等概述的功能。 • 问题：记下你在浏览文章时记住的几个问题。 • 阅读：有目的性地阅读材料以找到你的问题的答案。跟踪你在进程中遇到的新问题。 • 背诵：合上书本。与研究合作伙伴分享你的发现，使用你的问题指导你的讨论，用你自己的话概括你的答案。每当出现差异时，请参阅课文确认想法。 • 记录：使用第155页的"SQ4R学习"表格或自己设计一个表格记录你对课文的新理解。 • 查看：查看你的问题和备注。你找到所有问题的答案了吗？如果没有，你在哪里可以找到信息来帮助你？ **实践练习** ☐ 向学生提供与你的学习主题相关的新文章。提供"SQ4R学习"表格（第155页）。 ☐ 指导学生应用策略并完成"SQ4R学习"表格。 ☐ 通过汇报巩固学习内容，要求学生登录他们的学习日志，反映和评估SQ4R学习过程。
Q 提示 你可以与学生分享如何学习计数信息表，或让他们分组工作以创建自己的信息。	**Q +** 　　学生可以用相同的SQ4R方法与学习伙伴或小组合作学习。他们可以使用带白板的网络会议程序，如 Adobe Connect；他们可以通过谷歌环聊举行空间会议；或者他们可以简单地与诸如谷歌文档之类的工具协作，记录他们的学习问题和文本答案。

SQ4R学习

姓名_____
书目_____

我学习这本书是因为……

我的问题	从书中获得的答案
1)	
2)	
3)	
4)	
5)	
☐ 调查 ☐ 问题 ☐ 阅读 ☐ 背诵 ☐ 复习	新问题和接下来的步骤

学生如何知道哪种资源最适合他们的需要？

Q 任务 学生将使用指导性问题来评估资源的有用性。	**任务说明** 　　信息过剩是年轻研究者的一个主要问题。确定资源是否有用和是否是可靠的信息来源是处理数据容量时的关键步骤。在这个 Q 任务中,学生将学习好的问题是如何帮助他们决定一个资源是否会对他们的目标有用的。在这个例子中,学生正在准备调查地方、区域和国家政府机构的结构和功能。 **建立理解** • 讨论为什么认真分析资源对这个任务来说是非常重要的。为小型学生团体提供各种非虚构类资源来支持这个话题,如非虚构类书籍、杂志、小册子、视频和互联网网站。 • 要求学生探索资源,并确定如何确定这些资源是否有利于他们的调查。你是在哪里寻找证据来证明这是一个很好的可靠来源的?学生回答,例如为了可读性,寻找版权日期,阅读封底上的评论/概要,确定作者的可信度等。 • 汇报并增加学生可能错过的标准——可信度、准确性、意图、背景和视角。 • 向学生提供检查和评价资源组织者的副本(第157页),学习使用组织者的问题提示,如何设计评价几种不同类型资源的出声思维模型。模型审查来源不好的的几个资源,例如由特殊利益集团开发的网站或有关政府过时信息的旧文本。 • 进一步讨论评估资源的重要性,以及在此过程中指导性问题是如何起到作用的。
Q 提示 为学生提供分析 URL 地址解剖结构的线索。 政府网站 .gov 教育 .edu 商业网站 .com 非营利组织 .org 军事 .mil 国家 .us,.ca,.au 等	**实践练习** ☐ 指导学生评估他们正在考虑研究的打印资源和网络资源。让他们学习使用"检测和评价资源"表(第157页)。完成之后,学生应该能够对资源的有用性做出准确的决定。 ☐ 当学生有很多练习时,让他们自己提出问题,以判断书籍、互联网网站、视频等的适用性,最终这个过程将变得直观。 **Q +** • 当学生找到一个主题的可靠在线来源时,他们应该学会如何管理这些网站,存档或加入书签,以便可以轻松地找到它们来帮助自己查询资料。有数十种免费工具适合学生使用,例如,流行工具可以保存在 Pearltrees。鼓励学生尝试几个,并找到一个适合他们的工具。 • 让学生一起工作,在评估网站时提出问题。给他们一些骗局网站以及合法的网站:参见教育技术和移动学习的网站。

检测和评价资源

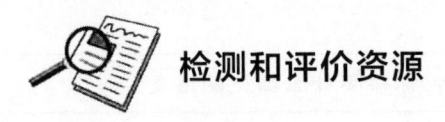

题目＿＿＿＿＿＿＿＿＿＿＿＿＿＿＿＿＿＿＿＿＿＿＿＿＿

作者＿＿＿＿＿＿＿＿＿＿＿＿＿＿＿＿＿＿＿＿＿＿＿＿＿

出版社＿＿＿＿＿＿＿＿＿＿＿＿＿＿＿＿＿＿＿＿＿＿＿＿

你的研究问题是什么？你需要什么类型的信息？	
确认标准	笔　记
准确性 • 最新的 • 统计数据／案例 • 观点	
权威性 • 作者或作品的可靠性如何？ • 质量 • 经验 • 工作经费来源 • 合作 • 政府机构 • 特殊兴趣群体	
观点 包含了哪些人的观点？ 排除了哪些人的观点？	
目的 目的是什么？ • 通知 • 说服／推广 • 娱乐 • 询问 • 支持	

(续表)

你的研究问题是什么？你需要什么类型的信息？	
确认标准	笔　记
环境 篇章的上下文语境是什么？ • 历史的 • 政治的 • 环境的 • 社会的 • 虚构的 • 真实的	
偏见的证据 • 夸张 • 偏见 • 包容/排斥 • 过度概括 • 主观臆断	
这个资源是否对你的科目有所帮助？ 如果有，为什么？如果没有，为什么？	

提问使我们进步

Q 任务小活动

评价方式

给予学生一些自主权,让他们参与评价过程。让学生就他们认为重要的评价标准展开讨论,这些标准所针对的汇报可以是口头报告或多媒体演示。把大家都认同的普遍标准确定下来,并让学生分小组来提出问题,例如演示者与观众有交流吗? 整理问题并准备好评分表或检查清单以评估汇报。

问询调查

在项目或活动任务进行到最火热的时候与学生讨论自我评估的力量所在。为学生们示范,当你评估一个项目活动(例如你为学校组织的活动)的成果时,你会问自己哪些问题。将"自我评价调查表"(第160页)发给学生;让学生讨论表中文字的首字母缩略词的含义和评价标准。为学生提供足够的时间来反思他们的学习过程,培养其自我分析问题的能力。他们不必记录这些问题的答案,但必须准备好在评价交流会上讨论这些问题。

镜子,镜子

当学生能够清楚地表达任务要求的活动,并对他们达成学习目标的效果进行诚实的反思时,这意味着他们正在学会如何取得进步——怎样继续前进、继续提高。让学生把一张纸从中间对折成两半,让左手边的学生回答"要求我做什么?",让其对面的学生则回答"我是怎样做的?"。现在让学生设置下一次的目标。

反思问题

学习结束后,学生将受益于他们记录的问题,以及他们的想法和感受。使用"学习记录"(第161页)或"出门卡"(第162页),或让学生用他们正在思考的问题作为开头或结尾写入他们的反思日志,还可以使用谷歌表单之类的工具来准备反思活动,将取得的进步和担心的问题一一记录存档,以便日后随时进行评估和监控。

请帮忙

学生们的表现如何,请你的学生提出一个希望让你来回答的问题。如:我如何能在这个短小的故事中设置更多的悬念? 或者我已经解决了这个问题,但我想知道是否还有其他捷径。

自我评价调查表

自我提问将决定任务成功的系数。为每项调查设定三个问题,通过任务或项目来测量你的表现。

理解新的知识和技能
Q 1
Q 2
Q 3

努力和效率
Q 1
Q 2
Q 3

取得进步后的表现及成果
Q 1
Q 2
Q 3

对今后的期待与渴望
Q 1
Q 2
Q 3

★ 诚实作答。
★ 庆祝自己的成功。
★ 标记出弱项,今后努力提高。

学习记录

日期：		
活动：		
想法	问题	下次活动时间

日期：		
活动：		
想法	问题	下次活动时间

日期：		
活动：		
想法	问题	下次活动时间

出门卡

出门卡	出门卡
你今天学到的 3 件事：	你今天学到的 3 件事：
你的 2 个新问题：	你的 2 个新问题：
你需要提高的 1 个学习目标：	你需要提高的 1 个学习目标：
出门卡	出门卡
你今天学到的 3 件事：	你今天学到的 3 件事：
你的 2 个新问题：	你的 2 个新问题：
你需要提高的 1 个学习目标：	你需要提高的 1 个学习目标：

5. 问以进取

Q 任务小活动

深度思考

深度思考是一个元认知活动,将其设计在一个主要学习活动的末尾部分,以巩固学习内容和过程。这是一个老师和学生的合作活动,作为团队学习者的一员,将在个人知识和团体发现之间建立联系。深度思考包括"所以呢?""下一步呢?"两个阶段的提问,以建立对学习进程的深刻意识。

- **所以呢?** 制订问题帮助你发现你知道什么以及为什么它是重要的
- **下一步?** 制订问题以帮助你制订改进计划并采取行动

巩固内容

这个合作活动建立了对主题的深刻理解。学生提出问题帮助他们反思对学习活动的内容/主题和后续行动都知道些什么。

接下来?	下一步?
• 我们探索的重要思想是什么? • 这个主题告诉了我们什么? • 这是什么意思? • 出现了什么新的理解? • 为什么这很重要? • 我们有什么新的问题?	• 我们还能如何使用这种学习方式? • 下一次我们如何做得更好? • 我们有什么新的问题? • 我们会采取什么行动? • 谁可以提供帮助?

评测学习效果

这个合作活动帮助学生评估学会学习的技能。学生提出问题,以帮助他们反思在学习中和后续行动期间开发的学习技能和过程。

接下来?	下一步?
• 我们使用什么策略来学习? • 这些战略如何为我们工作? • 哪个工作得很好/没有很好地工作?为了谁? • 为什么这很重要? • 我们是否会成为更好的提问者? • 什么是好问题?	• 我们还能如何使用这种学习? • 我们如何在下一次做得更好? • 我们有什么新的问题? • 我们将采取什么行动? • 谁可以提供帮助?

> **Q 任务小活动**

深度思考(续)

测量教学效果

这种教学及合作教学的反思可以帮助教师改进教学。教师对学生"学了什么"和"怎样学的"进行反思,并提出后续改进计划。

接下来?	下一步?
• 哪些地方进展顺利?哪些不顺利? • 学习者是否提出了各种各样的问题? • 哪些提问策略最有效? • 如何增强理解? • 学习者在学习过程中发现了哪些问题和成功之处?	• 我们还能如何使用这种学习? • 下一次我们如何做得更好? • 我们有什么新的问题? • 我们将采取什么行动? • 谁可以提供帮助?

问题叠加

使用"深度思考:创建叠加问题"(第165页)帮助学生在课程或单元结束时思考他们的学习。如果在谷歌表单中创建工作表,工作表将非常强大,能让课程中的所有学生都可以看到结果并修改自己的问题,并从中获得更多的益处。

深度思考：创建叠加问题

学生姓名：_____ 科目：_____
小组名：_____

接下来？ 创建问题，以帮助你发现你已有的知识，以及它很重要的原因。

查看知识内容：

综观过程技巧、策略、职责：

检测自身和所在学习团队：

下一步？ 创建问题，以帮助你决定你现在和将来采取什么行动。

查看知识内容：

综观过程技巧、策略、职责：

检测自身和所在学习团队：

6.继续前行

由此出发,去往何方?

此处并不是终点。我们希望这本书对于学生、老师和学校,都只是一个提问之旅的开始。在本书中我们已经分享了全部的实践经验,我们都已经从这些经过实践检验的策略中受益。我们希望由此可以激励我们的读者朋友们去选择这些策略思想,并根据自身需求调整策略,以期应用到课堂教学实践中去。在这一部分,我们为提问的进一步发展特别补充总结了一些建议与策略。

☑ **建立一个计划表和模板的信息库**

为了帮助学生们能随时方便地保存提问策略,可以在唾手可得的档案袋中保留空白模板,或者利用你的交互式白板上的文件夹,正如你保留图形搜集和其他学生需要使用的写作模板的方式一样。

☑ **示范问题的构建过程**

流程图可以帮助学生们记住步骤,并将其应用于思考提出好问题上。"构建好问题的步骤"(见169页)和"给学生的提问小窍门"(见170页)均可以帮助学生提升构建有效问题的思维过程,使用它们去示范研究项目的问题是如何构建起来的。要确保学生们自己思考问题的"原创性",并且确保他们的参与度和努力程度。

☑ **将问题注入单元和作业的设计中**

当设计探究任务时,可使用"培养探究过程"的流程图来进行。

☑ **设计教师问题,建构学习体验**

当设计重点单元或信息任务中的重点问题时,利用"3.学会提问"中的提问策略,从课程标准着手,确定重点学习内容,创建一个深入思考的问题来建构学习体验(麦克泰和威金斯,2013)。

☑ **进一步了解提问在学习中的作用**

当你要继续为学生建立一个提问技能库时,请参考资源库,并建立一个专业的支持材料的数字文件夹。

☑ **详细了解协作技术**

使用社交媒体,关注博客,加入专业学习网络,以发掘更多的免费数字工具,从而鼓励学生协作学习,为彼此"增添"新的想法。

☑ **采取行动**

现在花一些时间来制订你的行动计划,完成"下一步的教师规划图"(见第171页)。

构建好问题的步骤

❓ 你的问题的目的是什么？
- ☐ 追踪溯源
- ☐ 阅读链接
- ☐ 聚焦研究
- ☐ 探索意义
- ☐ 做出决定
- ☐ 解决问题
- ☐ 评价出处
- ☐ 做出比较
- ☐ 考试研究
- ☐ 构建或孕育新事物
- ☐ 分析你的过程
- ☐ 设立新目标
- ☐ 其他_____

❓ 谁将受益于你的问题？
- ☐ 我自己
- ☐ 我的同学
- ☐ 我的小组
- ☐ 我的家庭
- ☐ 我的团队
- ☐ 其他_____

❓ 在哪里可以找到你问题的答案？
- ☐ 考虑自身经验
- ☐ 请教专家
- ☐ 进行问卷调查
- ☐ 使用参考资料
- ☐ 搜寻来源
- ☐ 其他_____

❓ 用问题构建模板进行实验。创建尽可能多的问题。

❓ 审查和修订你的问题以期迎合你的信息需求。

❓ 通过调查去选择你的最佳答案并继续研究。

注：当你继续研究时可能需要重新修订你的问题。

问题构建模板
- 求知之轮
- 问题构建表
- 问题构建框架
- 六顶思考帽
- 强化Q卡片
- 强化探究问题
- 问题延伸
- 布鲁姆式问题构建及重点陈述

给学生的提问小窍门

从思考你的答案开始。
我为什么需要这条信息?
- 我需要了解的是什么?
- 通过这条信息我可以做什么?
- 这条信息只属于我自己,还是可以和其他人共享我的研究?

信息是现成的吗?
- 我可以通过自己找到它吗?
- 我需要帮助吗?
- 谁是能够帮助我的最佳人选?

我在哪里可以找到这条信息?
- 我可以打电话吗?
- 我需要到信息资源库去搜索吗?
- 我需要去做调查、民意测验或者采访吗?

我如何去构建正确的问题?通过问更多的问题!
"我可以通过使用特殊疑问词——谁、什么、在哪里、什么时候,去问简单的问题,以找到我需要解决的问题吗?"
如果"是",组织并展示你的问题。例如:这家游戏应用商店的电话号码是多少?
最近的游戏应用商店坐落在哪里?
如果回答是"否",请继续。

答案需要解释吗?
如果"是",那么请问"我应该用怎样或者为什么来开始我的问题吗?"
例如:我怎样才能到达游戏应用商店?我为什么不能从他们的网站上订购我所想要的东西呢?

我的信息需要更复杂化吗?
"我需要将问题关注在话题的某一特殊方面吗?"
如果"是",使用焦点词汇,例如改变、工作、目的、价值、功能、能力、意图、类型、角色、结构、生活方式、防御、幸存、成绩、结果、种类、重要性、人物特质、关系、适应性、条件、推论、隐含义,等等。
例如:如何使游戏应用商店适应日益增长的网购现实?

我需要更深层次的信息吗?
"我的问题需要做分析使用吗?"
如果"是",使用关系词,例如:意义、结果、计划、含义、联系、相关性、模式、趋势、对比、原因、影响、价值、分析等。
例如:在设计电子游戏时,怎样使大众媒体和社交网络有意义?

现在提问:"我创设的问题可以使我获得自己所需的信息吗?"
它太笼统了吗?它所提及的比我需要的和想要的还多吗?或者它太狭义和浅显了?
最后看一下你的问题,如果需要请重新修订。

列举你的问题并且针对答案进行提问。

下一步的教师规划图

在课程中，提问从逻辑上应被安排在何处？

我怎样开始建立一个舒适的提问环境？

哪些提问技巧和策略是我应该先教授的？

我怎样记录学生们在提问方面所取得的进步？

我如何才能使学生通过主动提问来学习？

我如何向学生、学校和社区呼吁并推动"让学生作为提问者"的想法？

2.理解问题

Bloom, B.S. (1956) *Taxonomy of Educational Objectives, Handbook I: The Cognitive Domain*. White Plains, NY: Longmans.

Carrier, Roch (1984) *The Hockey Sweater*. Montreal, QC: Tundra.

Christian, Peggy (2000) *If You Find a Rock*. New York, NY: Harcourt.

Ciardiello, Angelo V. (1998) "Did you ask a good question today? Alternative cognitive and metacognitive strategies" *Journal of Adolescent & Adult Literacy, 42 (3)*: 210 - 20.

de Bono, E. (1985) *Six Thinking Hats*. Boston, MA: Little, Brown, and Co.

Harvey, Stephanie, and Goudvis, Anne (2000). *Strategies that Work*. Portland, ME: Stenhouse.

Koechlin, Carol, and Zwaan, Sandi (2003) *Build Your Own Information Literate School*. Salt Lake City, UT: Hi Willow.

Koechlin, Carol, and Zwaan, Sandi (2001) *Info Tasks for Successful Learning*. Markham, ON: Pembroke.

Lundy, Kathleen Gould, and Swartz, Larry (2001) *Creating Caring Classrooms*. Markham, ON: Pembroke.

Manzo, A.V. (1969) "The ReQuest Procedure" *Journal of Reading, 13 (2)*: 123 - 6.

Marzano, Robert (2005) *Building Background Knowledge for Academic Achievement*. Alexandria, VA: ASCD.

McKenzie, Jamie (2005) *Learning to Question to Wonder to Learn*. Bellingham, WA: FNO Press.

Morgan, Norah, and Saxton, Juliana (2006) *Asking Better Questions*. Markham, ON: Pembroke.

Postman, Neil, and Weingartner, Charles (1969) *Teaching as a Subversive Activity*. New York, NY: Dell.

Raphael, T.E. and Au, K.H. (2006) *QAR Now: Question Answer Relationships*. New York, NY: Scholastic.

Rothstein, Dan, and Satana, Luz (2011) *Make Just One Change: teach students to ask their own questions.* Cambridge, MA: Harvard Education Press.

3.学会提问

Anderson, Lorin (2001) *A Taxonomy for Learning, Teaching, and Assessing: A revision of Bloom's taxonomy of educational objectives.* Upper Saddle River, NJ: Pearson.

Berger, Warren (2014) *A More Beautiful Question.* New York, NY: Bloomsbury.

Bloom, B.S. (1956) *Taxonomy of Educational Objectives, Handbook I: The Cognitive Domain.* New York, NY: Addison Wesley.

Booth, Wayne C. (2003) *The Craft of Research.* Chicago, IL: University of Chicago Press.

Ciardiello, Angelo V. (1998) "Did you ask a good question today? Alternative cognitive and metacognitive strategies" *Journal of Adolescent & Adult Literacy,* 42 (3): 210 - 20.

Koechlin, Carol, and Zwaan, Sandi (2008) *Building Info Smarts.* Markham, ON: Pembroke.

Loertsher, David, Koechlin, Carol, and Zwaan, Sandi (2005) *Ban those Bird Units: 15 models for teaching and learning in information-rich and technology-rich environments.* Salt Lake City, UT: Hi Willow.

Marzano, Robert (2005) *Building Background Knowledge for Academic Achievement.* Alexandria, VA: ASCD.

Marzano, Robert J., Pickering, Debra J., and Pollock, Jane E. (2001) *Classroom Instruction that Works.* Alexandria, VA: ASCD.

Ogle, Donna M. (1986) "K-W-L: A teaching model that develops active reading of expository text" *Reading Teacher,* 39: 564 - 70.

Rothstein, Dan, and Luz Santana (2011) "Teaching Students to Ask Their Own Questions" *Harvard Education Letter*, 25, 7. Retrieved from http://hepg.org/hel-home/issues/27_5/helarticle/teaching-students-to-ask-their-ownquestions_507

Wiederhold, Chuck (1995) *Cooperative Learning and Higher Level Thinking*. San Juan Capistrano, CA: Kagan Cooperative Learning.

Wiggins, Grant, and McTighe, Jay (1998) *Understanding by Design*. Alexandria, VA: ASCD.

4. 问以治学

Koechlin, Carol, and Zwaan, Sandi (2003) *Build Your Own Information Literate School*. Salt Lake City, UT: Hi Willow.

Koechlin, Carol, and Zwaan, Sandi (2001) *Info Tasks for Successful Learning*. Markham, ON: Pembroke.

Kristiansson, Leif, and Stenberg, Dick (2006) *It's Not My Fault*. Alhambra, CA: Heryin.

Loertsher, David, Koechlin, Carol, and Zwaan, Sandi (2005) *Ban those Bird Units: 15 models for teaching and learning in information-rich and technology-rich environments*. Salt Lake City, UT: Hi Willow.

Loertscher, David, Koechlin, Carol, and Zwaan, Sandi (2011) *The New Learning Commons*. Salt Lake City, UT: Hi Willow.

Lundy, Kathleen Gould (2004) *What do I do about the kid who…?* Markham, ON: Pembroke.

Lundy, Kathleen Gould, and Swartz, Larry (2001) *Creating Caring Classrooms*. Markham, ON: Pembroke.

Postman, Neil, and Weingartner, Charles (1969) *Teaching as a Subversive Activity*. New York, NY: Dell.

Swartz, Larry (2013) *The Bully-Go-Round*. Markham, ON: Pembroke.

5.问以进取

Dweck, Carol (2007) *Mindset: the New Psychology of Success.* New York, NY: Random House.

Marzano, Robert J., Pickering, Debra J., and Pollock, Jane E. (2001) *Classroom Instruction that Works.* Alexandria, VA: ASCD.

McKenzie, Jamie (2005) *Learning to Question to Wonder to Learn.* Bellingham, WA: FNO Press.

McTighe, Jay, and Wiggins, Grant (2013) *Essential Questions: opening doors to student understanding.* Alexandria, VA: ASCD.

Robinson, F.P. (1970) *Effective Study* (5th ed.). New York, NY: Harper & Row.

Scieszka, Jon (1998) *Squids will be Squids.* New York, NY: Viking.